미제 일기를 써라

미래 일기를 써라

초판 1쇄 인쇄 2025년 09월 22일
초판 1쇄 발행 2025년 10월 22일

신고번호 제313-2010-376호
등록번호 105-91-58839

지은이 캐나다대저택

발행처 보민출판사
발행인 김국환
기획 김선희
편집 현경보
디자인 다인디자인

ISBN 979-11-6957-385-6   03190

주소 경기도 파주시 해올로 11, 우미린더퍼스트@ 상가 2동 109호
전화 070-8615-7449
사이트 www.bominbook.com

• 가격은 뒤표지에 있으며, 파본은 구입하신 서점에서 교환해드립니다.
• 이 책은 저작권법에 의하여 보호를 받는 저작물이므로 무단 전재와 복사를 금합니다.

자전적 자기계발 및 영성융합 에세이

미래 일기를 써라

캐나다대저택 지음

인간은 불완전함을 지녔지만 동시에
자기 삶을 새롭게 써 내려갈 능력을 가진 존재이다

추천사

 우리가 미래를 떠올릴 때 가장 먼저 다가오는 것은 불안과 두려움일 것이다. 아직 오지 않은 시간은 늘 알 수 없기에, 우리는 미래를 두려움의 대상으로 삼곤 한다. 그러나 이 책 《미래 일기를 써라》는 이러한 고정관념을 다른 관점으로 독자들에게 제시한다. 저자는 미래는 기다려야 할 것이 아니라 내가 직접 빚어가는 무대이며, 그 무대 위에서 우리는 창조자로 서야 한다고 말한다. 이 책은 바로 그 창조적 자세를 훈련하는 방법을 알려주는 실천의 안내서다.

 저자는 스스로를 "신이면서도 여전히 미완성인 존재"라고 고백한다. 인간은 불완전함을 지녔지만 동시에 자기 삶을 새롭게 써 내려갈 능력을 가진 존재라는 의미다. 그의 제안은 명확하다. 매일

'미래 일기'를 쓰며 자신이 원하는 삶을 이미 이루어졌다고 믿고 기록하라는 것이다. 단순한 바람이나 공상에 머무는 것이 아니라, 반드시 실현될 것이라는 절대 확신으로 글을 쓰는 과정이야말로 미래를 바꾸는 열쇠라고 강조한다.

이 책의 핵심은 미래를 긍정적으로 창조하는 태도다. 저자는 나폴레온 힐, 네빌 고다드, 조 디스펜자 등 다양한 사상가들의 지혜를 흡수하면서도, 이를 자신의 언어와 맥락 속에서 풀어낸다. 그래서 그의 글은 어렵지 않고 일상에 닿아 있으며, 독자가 곧바로 실천할 수 있을 만큼 구체적이다. 단순한 자기암시가 아니라 삶의 태도를 근본적으로 바꾸는 방법으로서 '미래 일기'가 제시된다.

이 책을 읽는 동안 독자는 자신이 늘 외부의 평가와 조건에 휘둘려 왔음을 깨닫게 된다. 그러나 저자는 단호히 말한다.
"당신이 선택하는 바로 그 길이 진리이자 경험의 길이다."
이 문장은 독자로 하여금 스스로의 가능성을 다시 신뢰하게 하고, 삶의 주도권을 되찾도록 이끈다.

《미래 일기를 써라》는 흔한 자기계발서가 아니라 실천할 수 있게 도와주는 지침서이자 나침반이다. 또한 삶의 본질을 탐구하는 철학적 성찰과 당장 오늘부터 실천할 수 있는 구체적 방법이 제시된 책이다. 불확실성이 커져가는 시대에, 우리가 붙들어야 할 것은 막연한 낙관도, 깊은 비관도 아니다. 스스로의 가능성을 확신하고 미래를 긍정적으로 설계할 수 있다는 믿음이다. 이 책은 바로 그 믿음을 독자에게 전한다.

미래를 두려움으로 바라보는 대신, 기쁨과 창조의 장으로 바꾸고 싶은 이라면 이 책을 보라. 일기를 쓰는 작은 습관이 인생 전체를 새롭게 빚어낼 수 있음을 경험하게 될 것이다. 이 책《미래 일기를 써라》는 독자를 더 이상 불안한 내일의 손님이 아닌, 자기 삶의 창조자로 세우는 책이다.

2025년 9월
편집위원 **김선희**

프롤로그

"인생의 목적은 무엇인가?"
"신의 뜻은 무엇인가?"
"행복에 이르는 길은?"

누구나 일정 나이 혹은 인생을 살다 보면 필시 접하게 되는 명제일 것이다. 물론, 당장 하루하루가 힘든 분들에게는 이러한 명제의 탐구가 사치일 수 있음을 인정하지 않을 수 없다. 그러나 인생 본연의 탐구는 결국 한 인간의 생애에 있어서 반드시 누구나 한 번은 경험해야 될 일이 아닐까? 하고 자조 섞인 반문도 해본다. 이러한 의문에 본격적으로 탐구한 것은 2017년 무렵이었다. 새벽에 매일 같이 성경을 읽었으며, 간절히 기도하고, 신께 지혜를 간구하였다. 때로는 이단이라고 오해할 만한 각종 유튜브 및 음모론 관련 채널까지 시청해 보기도 하였으며, 결국 시행착오, 시간과 사색의 단계적이고 종합적인 연역적 결과를 통해 진리를 탐구하면서 돌파가 가능하게 되었다. 한때 부모님과 아내가 걱정하였으나, 결국 나름의 깨달음을 얻게 된 데에는 지금도 너무 감사함을 느끼고 있다.

기독교와 천주교, 불교, 티벳 불교까지 관련 서적은 닥치는 대로 읽고, 치열하게 고민하고 생각하였다. 이러한 과정에서 유체이탈의 경험도 몇 차례 하였고, 영혼이 깨어나는 강렬한 경험도 한 것으로 기억된다. 물질 세상에서 기이하고 극소수의 일이라 여겨지는 이 일을…

"나는 왜 이 세상에 왔는가?"
"어떠한 삶을 살아야 하는가?"

이제 그 깨달음에 대하여 정리를 할 때가 된 듯하다. 물론 현시점에서의 중간적인 판단임을 밝혀둔다. 글을 수필처럼 두서없이 쓰는 데에는 이유가 있다. 이는 시/공간의 개념이 모호해지는 영역에 도달하면, 과거-현재-미래는 결국 우리 자신에게 의미가 없어지게 된다는 것을 인지하였기 때문이다. 즉, 각 개인의 인생사 얘기는 과거의 얘기일 수도 있고, 현재 및 미래의 얘기일 수도 있다. 근거는 나폴레온 힐의 저서 「결국 당신은 이길 것이다」와 네빌 고다드 및 조 디스펜자 박사의 저서를 포함하여 여러 저서들을 반복해서 읽다 보면 인지하게 될 것이다.

본론으로 들어가기 전, 필수 명제가 있음을 밝혀둔다.

『나는 신이지만, 자유의지를 부여받은 노력하는 존재이다. 완전체가 아님을 밝혀둔다. 깨달았다고 하지만, 이 역시 지속적으로 스스로를 단련한다고 하는 편이 적절할런지도… 그래서 미완성이고 현재를 살아가는 상황이므로 더욱 현현의 생활에서 기쁨과 행복과 사랑을 찾아야 하는 일생을 추구한다.』

2025년 9월

지은이 **캐나다대저택**

목 차

추천사 ... 4
프롤로그 ... 7

제1부. 인생에 대한 고찰

1-1 인생이란 무엇인가? ... 16
1-2 인생을 어떻게 살아야 하는가? ... 19
1-3 인간은 노화되어 죽는 것인가? ... 22
1-4 자기감정의 관찰자가 되기 ... 24
1-5 죽음이란 단어에 대한 소회 ... 31
1-6 자강론에 대한 단상 ... 35

제2부. 종교/신에 대한 고찰

2-1 신의 뜻은 무엇인가? ... 38
2-2 전생이 존재하는가? ... 40

2-3 천국은 존재하는 것인가? ... 43
2-4 악마는 존재하는 것인가? ... 46
2-5 신은 질투를 하는가? ... 49
2-6 기도가 이루어지는 원리 ... 52

제3부. 사회상/물질세계에 대한 고찰

3-1 물질세계에서의 나의 삶 ... 58
3-2 인간과 자유의지에 대한 입장 ... 61
3-3 나는 사이비인가? ... 63
3-4 기쁨의 연상 이미지는? ... 65
3-5 멀티버스의 세상은 존재하는가? ... 69
3-6 은퇴에 대해서도 미리 생각해 볼 필요가 있다 ... 73
3-7 최악의 일진을 피하는 방법 ... 82
3-8 나이 듦, 건강과 인생에 대해 ... 85

제4부. 깨달음에 대한 고찰

4-1 행복한 삶이란 무엇인가? ... 90
4-2 영점장에 도달하기 어려운 이유와 영점장에 도달하는 법 ... 92

4-3 두려움을 없애는 방법 ... 93
4-4 사랑과 헌신의 방법 ... 95
4-5 에고를 물리칠 방법 ... 97
4-6 하루하루를 새롭게 창조하는 법 ... 99
4-7 무료함과 삶의 단조로움에서 일어서는 법 ... 101
4-8 육체와 영의 싸이클에 대해 ... 104
4-9 감동의 생리학적 이해 ... 106
4-10 부의 창출 원리에 대해 ... 108
4-11 잠재의식의 힘 ... 111
4-12 운명을 바꾸는 법 ... 113
4-13 당부의 말 ... 115

제5부. 미래 일기를 써라

5-1 인생의 소중한 하루를 어떻게 보낼 것인가? ... 118
5-2 금전적 부에 대한 미래 일기 ... 120
5-3 늘 깨어 있기 위한 철저한 몸부림에 대한 단상 ... 123
5-4 미래에서의 단상 ... 125

제6부. 역노력의 법칙(실용 예)

6-1 부를 원하는 것이 아닌 부가 이루어진 상황에서의 명상 ... 128
6-2 부부관계의 화해가 아닌 행복한 부부 생활에서의 명상 ... 131
6-3 가족과의 행복 및 즐거움 명상 ... 133
6-4 자아발전이 아닌 지금 현재에서의 행복감과 기쁨에 대한 명상 ... 134
6-5 회사 업무 혹은 개인사업에서의 행복함에 명상 ... 136
6-6 이 나라와 지구촌의 행복에 대한 명상 ... 138

제7부. 고주파수의 생동감을 가지는 방법

7-1 잠재의식의 시간을 활용하기 ... 140
7-2 항상 말하기 ... 144
7-3 항상 느끼기 ... 146
7-4 미래에서 제3자적 관점으로 긍정적으로 관찰하기 ... 148
7-5 절대 확신하기 ... 151
7-6 자신이 좋아하는 취미를 통해 극대화해 보기 ... 153

에필로그 ... 155
참고문헌 ... 157
별첨자료 ... 160

제1부

인생에 대한 고찰

우리는 우리가 주인공인
멀티버스의 세계에 살고 있다

1-1
인생이란 무엇인가?

　'우리 모두는 희로애락의 삶을 경험하며, 더 나은 영혼의 성장(성령)으로 거듭나기 위해 이 세상에 왔다'로 정의하고 싶다. 선과 악은 인간의 자유의지에 의해 결정되며, 여기에는 인간으로 세상에 태어날 때의 환경적 영향, 지리적 영향 등도 포함된다. 반박되는 주장으로 신생아의 경우 태어나자마자 죽는 사례도 있는데, 이 역시 자연법칙과 이전 영혼의 판단으로 귀의 해석이 가능하다. 그러한 경험 역시 영혼의 입장에서 보면 예견된 일이지 않을까 싶다.

　부연 설명하자면, 인생이란 우리가 지구별에 올 때 이미 대부분을 결정하고 온 것이라고 말하고자 한다. 그리고, 운명론 및 수학적 관점에서 변수와 상수가 공히 존재하기 때문에 개인의 노력 여하에 따라, 기 정해졌던 운명이 바뀌어질 수 있는 부분도 있음을 설명하고자 한다.

정공법사 요범선생의 「운명을 바꾸는 법」이란 책을 보면, 운명론적 관점에서 인간의 수명을 정확히 예측하였고, 개인의 노력으로 스스로 운명을 개척한 예를 충분히 인지가 가능하다. 아울러, 우리가 인생을 살다 보면, 기적 혹은 데자뷔를 인식하는 순간이 존재하게 된다. 이 부분은 인간이 직관적으로 느끼거나 인지하게 되는 시점이 있는데, 이러한 순간순간을 반드시 기억하고 성찰하기를 권고한다.

대부분의 인간의 삶은 마치, 영화 감상실의 영화 테이프처럼 대부분 정해진 스토리와 습관 및 둘러싼 환경으로 순연하게 진행되고 있음을 관찰자적 입장에서 견지해야 한다. 이를 인지하고 깨달을 수 있다면, 당신은 인생의 목적을 깨달은 인류의 상위 2% 이내 범위에 진입했다고 자신 있게 말씀드릴 수 있겠다.

일 예를 상기해 보자. 1910년 초, 일본강점기에 조선 전라남도 순천 지방의 한 어촌 빈민가에서 태어난 한 남자아이는 98%가량의 확률로 그가 태어남 이전에 설계해 놓은 대로, 나름의 각본에 짜인 삶을 살았을 것이다. 왜냐하면 그가 그러한 삶을 살기로 선택하고 지구별에 왔기 때문이다. 반면 2% 이하의 사람들만이 이러한 기존에 정해진 운명을 거스르고 일상의 삶이 아닌 비범한 삶을 살았을 것이다. 그러나 이 또한 그가 태어남 이전에 변수로써 설정해 둔 것이라면, 인생은 너무나도 완벽한 것이 된다.

앞서 설명 한 바와 같이, 인생의 목적은 "희로애락"의 삶을 경험하고 느끼고 깨달음을 얻고자 각 영혼들이 사전에 설계해서 지구별에 왔기 때문에 여기에 예외라고 하는 것은 사실상 존재하지 않는다. 그리고 그런 것이 인생인 것이다.

1-2
인생을 어떻게 살아야 하는가?

최대한 실재적이고, 구체적이고 다양한 경험을 하면서 살라고 얘기하고 싶다. 희로애락을 경험하면서, 그러나 거기에는 상당히 많은 인내와 성찰도 필요하다. 물질적인 삶도, 가난한 삶도, 세속적 행복과 불행의 삶 역시... 물질세계의 희로애락과 관련된 모든 것이 인생에 대한 대상이다. 희와 락만 추구한 사람은 아무도 없었으며, 그와 반대되는 사람도 없었다. 악의 측면에서도 특정한 일이 기쁨이 될 수도 있는 것이며, 이는 이분법적 사고방식에 따르면 절대선 혹은 절대악은 상반적인 것이 된다는 얘기가 된다. 즉, 이분법적 사고방식을 벗어나게 될 때가 깨달음의 시초라고 감히 얘기하고 싶다. 인간에게 주어진 100년의 시간은 많다면 많은 것일 수도 있고, 적다면 적은 것일 수 있다.

다만, 당부하고 싶은 것은 반드시 끝이 존재하는 인간의 시간을 적절하게 활용하라는 것이다. 더구나, 80 이상의 노년의 삶은 육체적으로는 매우 힘들 수 있기에 가급적 밝은 노년을 위해서는 활동적인 측면에서는 80 이전에 대부분을 수행하고, 인생을 마무리하거나 후배 세대들에게 정리하여 위임하는 시기를 80 이후로 설정하기를 권고하고자 한다.

세대별 당부를 간략히 해보자면 이렇다.

- 0~10대 : 무한한 창조의 사색을 기반으로 다양한 독서를 수행하고 간접 경험 리스트를 준비한다.
- 20~30대 : 간접 경험 리스트를 기반으로 실질 activity를 수행하고, 미진한 부분에 대한 리스트를 준비하되 독서와 공부는 필수이다.
- 40~50대 : 미진한 부분에 대한 리스트를 재경험하고, 마무리한다. 독서와 공부는 필수이다.
- 60~70대 : +α의 삶을 누린다. 직관적인 인생사 판단을 근거로 해보지 못했거나, 아쉬웠던 부분, 봉사하거나 사랑하는 삶에 대해 아낌없이 최선을 다해 인생을 살아야 한다.
- 80~100세 : 인생의 노년으로서 인생을 마무리하거나 후배 세대들에게 정리 위임하는 시기로 설정한다.

반드시 위와 같은 삶을 살 필요는 없으나 전반적인 인생의 진행을 위처럼 하기를 권고한다. 물론 각자 개인의 삶은 각자가 지구별에 오기 전에 이미 설계해 온 것일 테니, 자신이 있으신 분들은 본인이 추구하는 삶을 자신 있게 살면 되실 것이다.

다시 한번 강조하건대, 당신이 지구별에 오기 전에 이미 당신은 모든 고행을 완수하였고, 그러한 보상으로써 지구별에 왔다고 생각하는 편이 좋을 것이다. 즉, 지구별에 온 순간부터 당신은 창조자이며, 따라서 충분히 현현의 삶을 즐기고 느끼기를 강권한다.

1-3
인간은 노화되어 죽는 것인가?

물질세계의 입장에서는 맞고, 영성세계에서는 틀린 말로 판단된다. 물질세계는 유한하고 정신세계는 무한하므로 상기의 명제는 물질세계에서만 해당되는 이야기이다. 인생의 목적이 희로애락의 다양한 경우를 경험하는 것일진대, 노화의 경우도 이의 영역에 속하는 것은 당연한 것이다. 물론 이를 돌파하는 방법도 있긴 하다. 당신은 신이 아닌가?

노화도 인간이 만들어가는 것이다. 인생사 100년에서 짧고 길음의 차이는 있겠지만, 노인의 얼굴을 부끄러워하지 말고, 영예로워할 줄 아는 것이 진정한 삶인 것이다.

희로애락의 삶을 모두 반영한 얼굴, 그 얼굴에는 값짐이 있을 것이고, 부디 현현의 삶을 사는 사람들은 그러한 부분을 좀 더 일찍 깨달아 지금 이 순간을 값지게 살기 바란다. 특히, 주체적이고, 창조적이고, 행복한 삶을 사는 것을 조금도 망설이지 않기를 바란다.

가만히 있는다는 것, 다시 말해 망설인다는 것은 인간의 삶에 있어서 최악의 선택이다. 자유의지에 의해 그 또한 일정 부분 의미는 부여될 수 있겠으나, 인생을 끝마치고 영혼의 단계로 가서 숙고할 때, 그때에도 충분한 휴식의 시간은 주어질 수 있기에, 지금은 정신없이 계획하고, 활동하고, 살아가는 단계인 것이다.

예를 들어보자, 1910년 초, 일본강점기에 조선 전라남도 순천 지방의 한 어촌 빈민가에서 태어난 한 남자아이는 그가 태어남 이전에 설계해 놓은 대로, 나름의 각본에 짜인 삶을 살았을 것이다. 왜냐하면 그가 그러한 삶을 살기로 선택하고 지구별에 왔기 때문이다. 그리고 그는 희열의 순간이 없이 단조로운 인생사 100년을 살아갔다고 생각해 보자. 사전에 그러한 삶을 살겠다고 온 것이니 가/부를 판단할 수야 없겠지만, 나 개인의 성향으로는 그러한 삶을 100년간 사는 데에는 동의하기가 어렵다.

윤회의 단계를 거치는 과정 중에서도 그러할 수는 있다. 정열적인 삶도 의미가 있고, 단조로운 삶도 의미는 있다. 과정 중이고 학습 중이라면 충분히 납득이 가는 사항이다. 다만, 퍼펙트한 인생 100년을 살기 위해서 노화를 억지로 인지할 필요는 없어 보인다. 인생사 희로애락을 경험하다 보면, 결국은 우리의 얼굴에, 노인의 얼굴에 찬란한 삶의 흔적으로 그 영광이 나타나게 될 것이다. 부디 노화를 두려워하지 말고, 거침없이 나아가라.

1-4
자기감정의 관찰자가 되기

고요하고 잠잠한 분위기 속에서, 자기 내면의 감정을 지켜보라. 어제 나는 운명론적 상황을 깨는 경험을 시도하였다. 최악의 컨디션과 운수라고 예측되는 상황을 타파하기 위하여 스스로 선언한 후 긍정의 주파수를 선택했다.

오랫동안 악연이던 사람에게 안부를 물었고, 승진을 축하해 주었으며, 이성의 트랜스포메이션을 통해 전혀 예측하지 않았던 평온하고 안정된 하루를 영위할 수 있음을 스스로 증명해 내었다. 운명과 신체리듬은 분명히 극복이 가능하다고 확언을 하는 바이다.

이 절의 주제는 자기감정을 지켜보자는 것이다. 에크하르트 톨레의 "지금 이 순간을 살아라"를 되새겨 보면 자아, 에고, 그리고 그런 나를 지켜보는 관찰자적 나를 경험할 수 있다. 오늘 운명론적 운수에 의거하여 1년 중 최상의 날이 바로 오늘로 예측되어 있다.

91점의 하루를 99점으로 끌어올릴 수는 없을까?

　눈을 감고 노트북의 자판을 치고 있는 지금, 나는 매우 고요하다. 안정된 느낌을 가지고 있다. 온몸에 긍정의 기운이 흐른다. 나는 현재 소속 회사의 사장이며, 오늘부터, 지금 이 순간부터 나는 나의 긍정의 에너지를 최대로 끌어올린다. 갑자기 사내 핵심 전문가에서 떨어졌다는 소리를 들었음에도 요동치지 않는다. 왜? 장기적 관점에서 보면, 이 사항도 한순간의 티끌이 될 것임을 알기에… 아울러 더욱 겸손해지고, 더욱 감사해하며, 더욱 행복한 마음으로 이 세상을 살아가야 하겠다는 생각을 가진다.

　나에겐 14년이나 회사 생활이 남았으며, 이 기간에 나의 역량 및 성과는 무한대로 확장이 가능하다. 오늘 승진이 안 되었다고 마음 아파할 이유가 없다. 승진이 빠를수록 회사를 나가는 날 역시 빨라지는 것이 아닌가? 이 주어진 하루하루를 더욱 알차고 보람 있고, 성과 있고, 미래를 준비하며 의미 있게 사는 것이 진정한 삶의 자세라 본다.

　나는 1인 10역을 할 수도 있고, 1인 100역을 할 수도 있다. 그중에서 지금 이 순간을 살아가고 있음을 느끼는 것은 에고도, 관찰자인 나도 아닌 나 바로 자신이다.

　2017년경에, 하느님께 지혜와 명철만 달라고 간구하였다. 매일의 묵상이 강력하게 자리매김하였고, 기쁨의 감성을 가진 나날들로 이어졌었다. 그리고 일정 시간이 지남에 따라 그러한 감동은 다시 일상 속으로 파묻혔다. 더욱 큰 감동을 갈구하다가 지식을 찾아 헤매었고, 때로는 영점장에 도달하기 위한 양적인 명상을 수행하기도 하였다. 그러나 노력이 부족하여 그 지점에 도달할 수 없었다.

예수님께서 세상으로 30세의 나이에 출타하셨을 때, 이미 영점장에 도달하였다고 판단된다. 그 2천 년 전에 예수님께서는 마스터이면서, 신이셨기에, 응당 영점장에 도달하셨겠지만, 인간의 몸으로 태어나, 몸소 낮은 자의 하느님으로 우리에게 다가오셨다.

왜 그러셨을까? 무지몽매한 인간들에게 고차원의 의식을 설명할 수는 없었을 것이다. 왕으로 오셨다면 역사의 한 페이지를 장식하는 명사로만 이름을 남겼을 수도 있다.

전혀 예측할 수 없는 방법으로 그분은 오셨다. 성모 마리아에게 동정녀의 몸으로 잉태되시고, 12살에 신전에 나타나시어 바리사파와 논쟁을 벌였고, 다시 30세에 해탈의 경험을 통해 세상 속으로 나타나시었다.

예수님의 유년기는 어땠을까? 마리아와 요셉은 유년기의 예수님을 어떻게 대했을까? 그저 사랑스런 아기, 사랑스런 소년, 믿음의 소년으로 키웠을까?

그리하였을 것이다. 그렇다면 예수님은 30세까지 마리아와 요셉 아버지와 함께 사셨을까? 아니면 20세에 출가하였을까? 구약성서를 독파하셨을까? 아님 스스로 깨달으셨을까? 본인의 자/타의로 비범하다는 것을 인지하였기에 세상을 두루 경험하지 않았을까? 많은 사람들, 다양한 민족의 사람들, 삶과 애환과 시기, 질투, 사랑의 상황에 대해서 그 궁극적 관점으로 매몰차게 파고들었을 것이다.

피상적 신의 관찰자적 입장에서는 100% 동화가 되지 않았을 것이다. 몸소 인간의 세상으로 오셨고, 그들처럼 희로애락을 경험하면서 궁극의 디테일을 경험하셨을 것이다. 왜 인간은 태어나서 인생을 살까? 그 목적은 무엇이며, 가장 바람직한 일은 무엇이란 말인가? 우리는 우리가 주인공인 멀티버스의 세계에 살고 있다. 나를 주인공으로 둔 영화가 현재에도 상영되면서 돌아가고 있다고 보면 된다.

현재 저자의 과거를 조명해 보고 앞으로 100세까지의 저자를 예측해 보고자 한다. 저자는 1979년에 제주도 용담동 인근의 너무나도 평범한 가정집에서 태어났다. 그리 부유하지 않은 가정이었으나 나름 행복했던 가정이었다. 아버지, 어머니, 누나, 동생, 돌아가신 할머니, 그리고 이웃들..., 유치원 이전의 유년기는 장난꾸러기 골목대장을 경험하였고, 제주시 이도동 근처로 이사를 와서 역시 장난꾸러기 유아로 지냈다. 그 시점에 삶에 대한 관찰이 어디 있었으며, 나와 관계된 사회적 상황에 대해 달리 생각할 수 있었으랴? 순수했고 찬란한 추억이었다. 교회 부속 유치원, 제주 삼도동의 초등학교 입학... 과학자가 꿈이었으며, 수영선수를 하였고, 기독교에 진심이었던 어머님의 영향으로 예수님과 하나님에 대해서 상당히 일찍 접하게 되었다. 가슴 시린 첫사랑... 우등상... 제주 용담동의 중학교 입학... 교만... 그러나 주어진 상황에서 열심히 하여 도내 명문고 입학... 그러나 성적은 매년 떨어져서 지역 국립대 입학... 다시금 정신을 가다듬고 4년간 최선을 다해 공부하여 단과대학 전체 수석, 서울 명문대 대학원 석/박사, 우수박사학위 논문상 수상... 또 다른 삶을 펼치고..., 전문 분야 준정부 국책연구기관에서 박사후 연구원을 마치고... 국내 대기업에 대리로 입사... 과장, 차장, 부장이 되는 데까지 딱 10년이 걸리고, 그 와중에는 무수한 수상과 외형적 성공이 진행되는 삶을 살았다.

최근 8년여간은 명상에 꽂혔으며, 인생의 의미, 행복의 의미, 철학에 대해 시간 날 때마다 생각하고 있다. 현재까지 도달한 결론은 "지금 이 순간을 살아라"이다. 행복의 관점에서, 기쁨으로 가득한 것만이 행복이 아니라는 것을 깨달았다. 슬픔도 행복이 될 수 있음을 깨달았다. 부와 명예와 권력이 인생사 전체로 볼 때, 티끌의 값어치임을 알게 되었다.

마음의 평안함만을 추구하다 보면, 무기력감에 빠질 수 있음을 인지하게 되었다. 깨달음이 무한의 영역이 될 수 없음을, 부단한 성찰과 겸손과 노력을 통해 재창조되어질 수 있음을 느끼게 되었다. 내 운명을 내가 지배할 수 있으며, 또한 창조를 통해 전혀 다른 세상으로 만들 수 있음을 알게 되었다.

사내 최연소 상무에 등극한다. 기술수주 산업에서 입지전적인 실적을 기록하면서 전무, 부사장을 거쳐서 사장에 이른다. 50세 최연소 사장으로서 현 회사를 국내 1위 전문 대기업으로 끌어올리고, 미래 에너지 기업이자 글로벌 빅3 기업으로 탈바꿈시켜서 100년 회사의 초석으로 만들어 일부 국민과 직원들의 환호 속에 퇴직을 한다.

퇴직 후 명상가이자, 사회 사업가로 제2의 인생을 살기 시작한다. 기후 문제, 글로벌 기아 대책 등의 활동을 UN 등과 연계하여 사회사업을 펼치고 명상센터를 설립하여, 인생의 궁극적 의미를 풀어헤치는 명상 마스터로서 활동을 하게 된다. 물질적 삶의 잔존물은 모두 사회 기부를 할 것이다. 배낭 하나 메고, 전 세계를 두루 주유하게 될 것이다. 나의 성공은 부와 명예와 권력이 아니었으나, 이의 디테일을 경험하는 것은 필수적인 일이었을 것이다.

희로애락의 관점에서 모든 디테일을 경험하고자 하였다. 나의 가족과 동료, 사회 지인, 글로벌 지인들과 함께 긍정적 세상의 아이콘으로, 리더로서 영향력을 끼치게 될 것이다. 나 혼자만의 주관이 아니었음을 진작에 간파하였으며, 누군가에게 도움을 줄 수 있고, 그로 인해 내 영혼이 더욱 성숙해 감을 인지하며 세상을 살아가게 될 것이다.

정신 세계학의 마스터가 되게 될 것이다. '에크하르트 톨레'의 경지에 다다르고 싶다. 예수님과 대면하고 싶다. 나의 육체는 사라지겠지만, 내 정신은 영생을 물려받을 것이다. 그리고 이 다중 멀티버스의 세상을 재창조하게 될 것이다.

나의 에고를 완벽히 통제하게 될 것이다. 나는 신의 자녀이며 분체이기에... 내가 창조한 세상을 내가 재창조하여 고차원 의식의 세계로 진입하게 될 것이다. 죽음도 이를 제어하지는 못할 것이다. 정신의 영역, 두려움의 영역도 극복하게 될 것이다. 우리가 인지하거나 인지하지 못했던 많은 선각자들이 있었던 것처럼... 그렇게 우리는 살아가고, 경험하고, 가슴 아파하고, 기뻐하고, 지금 이 순간을 살아가는 것이다.

그러다 보면, 과거와 현재와 미래는 하나로 일치하게 됨을 스스로 알게 될 것이다. 미래의 나는 어제의 내가 그토록 갈망하고 염원하던 그 모습이 되었다. 앞으로 10년 뒤의 모습은 정처 없는 속도전이 될 것이다.

내가 이미 그러하기로 정하였기에... 더욱 창조적이고 재미있는 세상과 미래가 펼쳐질 것이다. 감동은 고요함에서는 나올 수 없으리라... 인내와 고통의 시기가 깊어질수록 그 열매는 달다... 그리고 그러한 희열에서 삶의 진전을 다시 느낄 수 있을 것이다. 그렇게 설계되었고 그렇게 행해지고 있다. 내가 주인공인 영화... 내가 제작자인 영화... 내가 작가인 영화... 그게 바로 인생이다.

1-5
죽음이란 단어에 대한 소회

일반인들의 경우, 죽음이란 단어에 대해 인지하고 있으면서도 이를 외면하는 경향이 지배적인 것으로 보인다. 인간사 탄생과 죽음은 당연지사임에도, 유독 죽음에 대해서는 애써 외면하려고 한다. 그 중간의 과정에 대해, 말해 무엇하겠냐마는, 어떠한 죽음, 어떠한 인생을 살 것인가를 미리 예측하고 살아가는 것과 이를 외면하고 피하고 살아가는 사람과는 분명히 큰 차이점이 존재하게 될 것이다.

물질세계의 성공이, 죽음과 관련하여 선형으로 일치하지 않는다는 것을, 우리는 직관적, 혹은 간접적으로 인지하고 있으며, 부자가 되어도 외롭고 고통받는 삶이 있을 것이며, 빈자가 되어도 행복하고 기쁜 삶은 존재할 수 있다는 점 또한 목도가 가능할 것이다. 물론, 대부분의 사람들은 이 중간의 영역 범위 안에서 인생을 살아간다.

　10~20대에 걸쳐 정해 놓은 학교 교육을 받고, 30~60세까지 통상적인 회사/일을 수행하며, 60~80세까지는 각자의 재력, 인력, 건강에 따라 삶을 영위하다가 세상과 결별하는 수순의 영역을 크게 벗어나지 않는다. 이러한 시간의 시스템을 돌파할 수 있다면, 각 개인에 있어서나 사회에 있어서 많은 이점이 존재할 것이라고 판단된다. 「부의 추월 차선」이 이러한 점을 신랄하게 파고들었으며, 대부분의 성공서적들이 이 부분을 핵심 기치로 내세운다.

　그럼에도 불구하고 이 영역 범위 밖의 생활을 영위하거나 시스템을 돌파한 이는 전체 인구의 채 10%가 되지 않는다. 문제는 그 10% 미만의 사람들은 어떻게 이 시스템에서 인생의 시간을 단축시켰을까다.

　(1) 그들에게 있어서 시련은 있어도, 실패는 존재하지 않았다.
　(2) 회사원은 극히 드물다. 사실상 대부분이 개인사업 혹은 법인 사장이다.
　(3) 수동적으로 일을 하지 않고, 능동적으로 자기 주체적으로 일을 하거나 즐긴다.
　(4) 기회를 찾아 나선다. 끊임없이 독서하고, 연구하고, 생각하기 때문에 아이템의 개수는 늘어나며, 응용 횟수도 또한 지속적으로 늘어난다.

(5) 소위 일반적인 사람들의 몇 배의 업무를 효율적으로 하는 커리큘럼을 가지게 된다. 심지어 그들이 자는 시간에도 수익을 가져다주는 시스템을 창조하였으며, 이는 물질세계뿐만이 아니라 정신세계 영역에 있어서도 진일보한 확장과 개선을 가져다주게 된다.

(6) 그들은 기본적으로 부지런하다. 물리적인 부지런함뿐만 아니라, 사고의 폭도 넓다. 그러기에 실상 다양한 시뮬레이션을 사전에 수행하게 된다.

(7) 진정한 거부는 매우 겸손하다. 낮은 이를 오히려 섬긴다. 허례허식 및 일체의 외형적인 환경 상황에 반응하지 않는다.

(8) 스스로의 성장을 최고의 가치로 삼아 부단히 정진한다.

(9) 그들에게 10원이나 10조 원이나 모두 소중하다.

(10) 남들을 돕는 데서, 최대 헌신의 보람과 가치를 깨닫게 된다. 그게 인생 최고의 값어치인 사랑이라는 것을 스스로 터득하게 된다.

(11) 그들은 몽상가가 아닌, 실행주의자이다. 설사 순간의 실패가 있다 하더라도 그들은 그것을 단계별 스텝이라 생각할 뿐, 최종 실패라 보지 않는다. 그들의 이런 생각이 결국 그들을 성공으로 만든다.

(12) 그들 에너지의 근원은 창조성과 사유성이다. 이는 단기간 내 결코 성취될 수 없다. 그런 이유로 그들에게는 시련은 있어도

실패는 없으며, 시련을 거울로 삼아 정진하는 것에 스스로 보람과 성취를 느끼게 된다.

(13) 죽음이란 단어에도 그들은 담담할 뿐이다. 하루하루를 소중히 여기며 살아왔기에, 특별한 사고나 장애가 있을 경우에도 응당 받아들일 수 있는 버퍼를 가지고 있다. 그들에게 물질 세상은 과정일 뿐이지, 최종 결과가 아님을 인지하고 있기에 충분히 그 시간을 숙지하고 항상 염두에 두고 있다.

(14) 오히려 죽음을 슬픔이 아닌, 환희로 승화시킬 수도 있는 것이 그들이다. 그들에게 물질세계의 끝을 알림과 동시에, 새로운 영혼세계의 시작을 알리는 터닝 포인트가 죽음임을 알기에 그들은 좀 더 다른 차원으로 접근한다.

다만, 죽음이 자살과 결부되지는 않는다. 그들에게 있어서 자살은 지구별에 오기 전에 계획된 것이 아니다. 따라서 물질세계에 종속된 자유의지를 갖춘 인간이 이 길을 갔다는 것은 상당한 영겁의 시간을 소비한 이후에야 원상 복귀되어 새 삶을 다시 시작할 수 있다는 것을 알고 있기에 절대 선택할 리 없는 결정이다.

1-6
자강론에 대한 단상

    인생을 살아감에 있어서, "스스로 강해져서 갖추어야 한다"라는 자강론의 근본에 대해 생각해 볼 필요가 있다. 인생이 희로애락을 경험하고 그로부터 깨달음을 얻어 영혼의 성숙을 지향하기 위한 여정이라면, 여기에는 자강론의 역할도 일부 포함될 수밖에 없다.

    물론, 우리가 지구별에 올 때 미리 계획되고 운명 지워진 삶을 살아가는 것이기에 대부분의 시나리오는 계획대로 진행되어질 것이며, 이변이 없다면 그대로 이루어지게 될 것이다. 그러나, "자유의지"에 의한 자강론은 인간의 실천 여부에 따라 자약론으로도 회귀가 가능할 수 있겠다.

    우리에게 실패한 인생은 없다. 다만 또 한 번의 기회가 주어질 것이고, 그로 인한 시간은 약간 연장될 뿐이다. 이 세상에 태어나기 시작했을 때부터, 기본적인 운명의 방향은 주어져 있다. 여기에 자유의지에 의해서 개선 발전되어지는 것일 뿐이다.

행복은 스스로에서부터 시작하여 타인에게 사랑과 기쁨을 전달하는 데에서, 전두엽이 활성화되면서 극강의 기쁨을 누리게 된다. 즉, 돈이나 명예나 권력이 아닌, 남을 위한 자선과 희생에서 인생 최고의 행복이 찾아온다는 얘기이다. 물론 이 경지에 도달하는 사람은 극히 드물다.

인생이 끝나는 날까지, 에고의 양비론이 우리의 마음을 유혹할 것이며, 인생의 마지막에 짧은 회한으로나마 그것을 직관적으로 인지할 수 있게 될 것이다. 다만, 깨달음의 반복 횟수가 잦은 이들은 그 시간을 좀 더 단축시킬 수 있다. 사랑, 봉사에서 오는 기쁨이 크다는 것을 깨달은 이들은, 과거의 경험과 깨달음을 증거 삼아 더욱 행복한 이 순간의 삶을 즐기게 된다.

그러므로, 인생의 자강론에 대해서는 인지를 하고, 또 실천을 하되, 극한의 케이스로 몰아붙일 필요는 없다. 계획되어지고, 진행되는 과정에서 말 그대로 감정을 이입하여 이를 성사시키기 위해 필요한 절차일 뿐이고, 또 실패는 성공의 밑거름이 되기 때문에 그에 대해 두려워할 필요는 없다.

다만, 지금 이 순간을 즐기고, 그러한 활동을 수행함에 있어서, 감정을 느끼고, 행복을 추구하되, 사랑을 갈망하며, 거기에 더한 자강론을 연계시킬 경우, 그러한 상상은 현실이 되게 된다.

제2부

종교/신에 대한 고찰

신은 우리의 아버지요, 어머니요,
또한 친구이다

2-1
신의 뜻은 무엇인가?

　신은 관찰자이며, 개개인의 인간과 연결되어 있다. 인간은 자유의지를 부여받았고, 신과 분체의 관계이므로 스스로의 노력에 의해 신과 연결될 수 있으며, 령과도 연결될 수 있다. 신은 우리에게 무엇을 하라고 강요하지 않는다. 우리가 결정하는 것이고 그에 따라 연역적으로 흘러가게 되는 것이다. 신은 우리에게 자유의지를 주었고, 희로애락을 경험하고 느끼면서 영혼의 성장을 스스로 하도록, 카르마를 극복하도록 사랑을 주셨다고 본다.

　고대의 동굴벽화나, 구어로 전해지는 전 세계의 고대 부족국가에서 인류의 기원을 유추해 보면, 지구 밖 행성에서 나타난 신적 존재들이 지구에 당도하여 고대 원시인들과 교류하여 인류를 발전시켰다고 전한다. 따라서, 물질세계에서의 신은 물리적 실체를 가지고 지구별에 출현하였거나, 혹은 우리가 알고 있는 하느님, 예수

그리스도, 석가모니의 형태로 신적 존재로 영적 마스터로서 영혼 세계를 관장하면서 출현한 것으로 본다.

　대부분 신의 존재는 현생에서의 고달픔, 궁핍 등에 대해 이승에서의 안빈낙도를 지향하는 이상향, 정치사, 혹은 사회상을 예측 반영하기 위한 필수요소로 자리 잡았기 때문에 출연하게 된 것이며, 인간에 의해 역사적 시간을 거쳐서 작위되어진 것도 많다. 그리고 역사란, 승자의 기록이기 때문에, 그러한 진행과정에서 묻히고 사라진 사례들도 상당히 많은 것으로 추정되고 있다.

　신은 우리의 탄생에 기여하였고, 자유의지를 주었다. 또한 신과의 영적 교류를 통해 분체 관계를 성숙시킬 수 있도록 구현시켜 두었고, 인간 스스로가 지구별 도착 이전에 계획한 운명을 통해 여러 세대 동안의 인생에 걸친 카르마를 극복하고 성숙한 영혼으로 거듭 자라도록 가이드를 해주고 있다.

　따라서, 신은 우리의 자유의지에 따라 우호적이 될 수도 있고, 비관적이 될 수도 있다. 희로애락 및 정반합이 획일화될 수 없듯이, 인생의 매 순간순간마다 신적 존재의 개입은 옳지가 않은 이유이기도 하다. 다만, 인류는 교만해서는 안 되며, 항상 자아성찰과 겸손의 마음을 가지고, 개인 스스로의 영혼을 성숙시키고 한 단계 진보시키기 위해, 부단히 노력해야 한다. 바로 그것이 신의 뜻으로 대변되며, 인류가 살아가기 위한 기본적 토대인 것이다.

2-2
전생이 존재하는가?

이 역시, 인생을 통한 "영혼의 성숙"을 인정하기에 전생은 존재한다고 본다. 과거의 인구와 현재의 인구수가 다른 점을 반대의 이유로 든다면, 이 역시 영혼의 세계에서 시간은 무한이면서 수렴을 공히 간직하고 있으며, 결국 시간은 존재하지 않는다는 점을 깨달으면 쉽게 풀릴 수 있는 부분이라 생각된다. 영점장의 영역에서는 이 모두가 교차하는 부분이며, 아직 개인적으로 영점장을 경험해 보지는 못했다. 더욱 선한 마음과 해탈의 경지, 열정과 순수의 경지에 도달하면 영점장에 접근할 수 있을지도 모르겠다. 한번 깨달았다고 해서, 그게 인간사 최후의 순간까지 가게 된다는 보장은 없다.

현실세계의 다양한 종교계의 거성들도 때로는 일탈을 보이고, 악마 같은 모습을 보이고 있음을 우리는 현실 뉴스로부터 전해 듣고 있다. 깨달음은 일회성에 그치는 것이 아니라, 인생사 죽음을 맞이할 때까지 지속적으로 목도하고, 성찰하면서 가져가야 하는 것으로 본다.

전생과 관련하여 우리가 생애 중에 필히 기억하고 있어야 하는 것은 데자뷔와 직관이다. 즉, 이를 평상시에 인지하고 있으면, 그러한 특정 상황이 닥쳤을 때 이를 바로 복기가 가능하게 되며, 어떤 경우는 그냥 잔상으로 남아 이를 놓치는 경우도 많다. 즉, 깨달음도 연습이고 수련이라는 측면에서 볼 때, 전생의 기억을 우리가 전부 기억하고 있을 수는 없겠지만, 몇몇 기억의 편린이 작용하는 영점장의 영역이 존재한다는 것이다. 이는 의식 및 무의식의 경계를 가로지르는 선상에 놓여 있으며, 인간이 인생을 살아가는 동안 반드시 몇몇의 마주치거나 경험하게 되는 경우가 있다고 한다.

인생을 카르마의 극복이나 영적 자아의 개발 및 성숙화라고 정의한다면, 전생은 과거의 업의 수련 정도를 되새김할 수 있는 이정표가 될 수 있으며, 현현의 삶에서 이것을 인지할 수 있다는 것은 바로 인생을 살면서 중간 지점에서 교정이 가능함을 내포한다는 것이다.

지구별에 인간이 처음 와서 생로병사를 경험하고, 희로애락을 경험하면서 영혼을 성숙시키는 임무를 수행할 때, 우리가 과거 인생의 업 및 도달 정도를 직시할 수 있다면, 현생의 삶에서 더욱 지름길을 빨리 찾아가는 것은 당연한 것이 아니겠는가?

따라서, 전생에 대해 운명학적 관점에서의 평가 혹은 주역에서의 관점에서의 참고 등도 선경험해 볼 만하다. 한 치 앞을 알 수 없는 게 우리네 인생이라 하지만, 또한 구하고, 찾다 보면 지름길을 찾을 수 있는 것도 우리네 인생이다.

2-3
천국은 존재하는 것인가?

　　우리의 마음속에 천국이 존재한다. 죽음으로써 연결되는 것이 아니며, 따라서 죽음에 대한 두려움마저 필요 없다. 이 세상이 천국임을 아는 순간 당신은 깨달음을 얻게 된다. 그러나, 깨달음을 한 번 얻었다고 해서 이 물질세계가 의미 없어지는 것은 아니다. 에고는 그렇게 호락호락하지 않다. 부단히 선을 위해서 명상하고 기도하고 노력하고 고찰해야 한다.

　　절대선과 절대악의 무경계인 영점장(Zero Point)에 도달할 때, 우리는 천국 역시 과거-현재-미래와 연동되는 사후세계와 물질세계의 안에 내재해 있음을 깨달을 수 있을 것이다. 전생이 존재하기에 천국도 존재하는 것이다. 다만, 물질 세상에서의 지표와 같은 물리적 의미의 천국으로 해석하는 오류를 범해서는 안 된다.

　　마치 물질세계와 영혼세계가 있는데, 영혼세계도 물리적 왕국 개념의 천국이라고 판단하게 되면 오류에 빠질 수 있다. 영혼세계는 시공간을 초월한 정신적 세계이므로, 영혼이 빛의 형태로 존재하는 것으로 알고 있으며, 물질세계의 인간이 영혼을 쉬이 판별이 안 되듯이, 천국 역시 물리적 판별이 어렵다고 보면 이해가 가능할 것이다.

우리가 성경에서 천국과 지옥이라는 말을 자주 접했고, 이곳이 물리적 공간이 있는 왕국 개념이라고 인지한다면 이는 오류라고 판단된다. 영혼이 존재하고, 영혼이 기거하는 공간이 있으므로 천국의 물리적 실체는 존재하는 것이 맞다. 다만, 우리가 성경에서 혹은 불교에서 왕국 개념의 천국과는 분명히 결을 달리한다고 봐야 한다.

시공간이 존재하지 않는 정신세계의 영역에서 물리적 왕국이 존재할 수 있을까? 천국을 경험했다는 사람도 존재하며, 지옥을 경험했다는 사람도 존재하나, 확인할 길은 없다. 그들의 평가가 객관적일 수 없고, 나의 주장이 객관적일 수 없듯이, 천국은 정신세계의 영역이므로 우리가 평가하기에는 분명히 한계점이 존재한다. 다만, 나의 주장은 천국은 우리의 가슴속에 존재하며, 이는 성령이 안치된 우리의 마음과 직결되어 삼위일체를 이루게 되며, 그로 인해 지금 여기가 가상의 멀티버스 공간이면서 천국이 되는 원리이다.

공학적 지식에 근거하여 천국을 찾아 헤매는 사람은 있을 수 있겠지만, 물질세계에서 이를 과학적으로 증빙할 수 있는 사료는 존재하지 않는다. 왜냐하면 천국을 보는 순간 당신은 이미 이 물질세계를 떠난 것이 되기 때문이다.

2-4
악마는 존재하는 것인가?

　이 또한 두려움과 인간의 마음이 빚어낸 허울일 뿐이다. 개개인이 신이고 자유의지를 받은 존재이므로 그에 따라 파생되는 부차적인 삶일 뿐...

　두려움을 넘어선 사람에게 악마는 존재할 수 없다. 이것은 명확하다. 다만, 천국, 전생이 존재하기에 악마 역시 인간의 의식에 따라 만들어질 수 있음을 우리는 간과해서는 안 된다. 앞서, 신은 우리에게 자유의지를 부여하였고, 신과 인간은 분체의 관계이며, 전생에 지구별에 오기 전에 우리의 운명 대부분을 계획해 놓았으며, 카르마의 해탈을 위해 인생을 살아가면서, 성심으로 진인사하게 되면 운명의 방향을 상향시킬 수 있음을 설명하였다.

　여기에서, 자유의지를 부여받은 인간은 카르마의 해탈을 위해 최선을 다해 정진해야 하지만, 반면에 그렇지 못한 삶을 사는 인간도 부지기수이다. 다만, 여기서 말하는 그렇지 못한 삶 역시도, 인간의 자유의지와 운명론적 예측 범위 내에 어느 정도 범위까지는 계획되어 있다고 보면 된다.

다만, 자유의지의 노력 정도가 덜하게 될 때 오히려, 음의 방향으로 타락할 수 있는데, 여기에서 귀신 혹은 악마와 접할 수 있다. 앞서, 깨달음을 경험한 사람에게 악마가 있을 수 없음을 역설하였고, 그 반대의 경우에 인간에 의해 악마를 창조할 수 있음도 제시하였다. 따라서, 물질세계에서의 악마는 인간의 정신 영역과 연계된 자유의지의 범주에서 존재하기도 하고 그렇지 않기도 한 사항이라고 얘기할 수 있다.

악마를 두려워할 필요도 없고, 애써 부정할 필요도 없다. 본인의 자유의지가 확고하다면 악마가 당신을 이길 수 없다. 다만 겸손한 마음과 자아성찰의 자세는 반드시 필요하다. 많은 성현들이 이에 도전했고, 이를 세상 떠나는 날까지 달성하지 못했던 무수히 많은 사례가 존재한다. 우리 안의 에고는 절대 만만하지 않으며, 그렇기에 이를 이겨낸 사람도 의외로 적다.

그럼에도 불구하고, 당신이 창조자이고, 신이고, 선을 행하고, 다양한 길흉화복 및 희로애락의 삶을 경험하기 위해 이 세상에 왔기 때문에, 지금 이 순간을 살아가면서 최대한 열정적으로 느낌을 가지고 인생을 살아가라고 당부하고 싶다.

인생사 100년은 그리 긴 시간이 아니며, 일정 순간(30 중반 이후)이 되면 속절없이 흘러가면서 가속을 경험하는 듯 보인다. 인생사 100년을 주마등처럼 보낼 수 있으며, 영겁의 시간을 단 몇 초 만의 단상만으로도 연결이 가능할 것이다. 그게 바로 인생인 것이다.

2-5
신은 질투를 하는가?

성경에는 하느님께서 시기와 질투를 한다고 명시되어 있으나, 나 개인적 시각에서는 신께서 인간에게 시기 질투를 하지 않는다고 본다. 인간사 희로애락은 인간 자체가 계획하고 경험하는 것이다. 신이 인간사에 개입할 이유가 없지 않은가?

가끔씩 '기적'이라고 일컬어지는 일들이 발생하곤 한다. 그러나 이러한 일들을 신의 개입이라고 본다면 생각을 달리하며, 타 영혼의 개입은 있을 수 있다고 본다. 이러한 내 주장에 대해 기독교계에서 인간들이 반발할 수는 있을 것이다. 물론 그분들의 의견도 존중은 한다. 다만, 신께서 질투를 하는 것을 증명할 수 있는가? 없는가에 문제는 개인의 판단 영역이라고 말하고 싶다.

내가 바라보는 시각은, 신은 위대한 어머니이며, 관찰자이다. 인간을 그렇게 창조하셨고, 자유의지를 부여하셨기 때문에 어떤 행동에 대한 책임도 인간 스스로가 지는 것이지, 신께 원망하거나 혹은 바라서는 안 된다.

신께서 질투는 하고, 축복은 안 하고, 혹은 반대로 질투를 안 하고 축복만 하는 것도 말이 되지 않는다. 신은 태고의 창조자이자, 어머니였고, 아버지였다. 그리고, 영적으로 과거-현재-미래를 동시에 거치면서 작금의 나와도 연결되어 있다. 그러기에 신께서 질투를 하신다는 것 자체는 인간이 사유해 낸 문장이다.

이 논제에 대해서는 깊게 들어갈 필요가 있을까? 우리가 신의 노여움을 인지해야 하고, 신에게 두려움을 느낄 필요가 있을까? 다시 말해, 신에게 도전하는 것은 안 되나, 신을 무서운 존재로 여길 필요는 전혀 없다는 얘기가 된다.

신은 우리의 아버지요, 어머니요, 또한 친구이다. 신과의 소통은 개인의 영혼의 성숙과 카르마의 해탈, 숙련의 과정을 통해 더욱 정교하고 빛나는 모습으로 상향되어 갈 것임을 우리는 모두 인지하고 있다. 따라서, 신을 더 없이 존경하고, 사랑하고, 추앙하는 것은 당연하다.

그러나 모든 것을 신에게 의지하고, 우리의 자유의지마저도 없애 버리고, 맹종하는 것은 그분께서 바라는 삶이 아니다. 만약 그러한 삶을 살 경우, 동물과 다른 점이 무엇이며, 그러한 삶의 존재 이유도 없지 않을까? 그런 생각을 해본다.

자유의지, 즉 창조적인 선택을 우리가 하고, 우리가 경험하고,

그에 따른 희로애락을 경험하며 영혼을 부단히 성숙시키는 것...
바로 그것이 우리네 인간의 인생이 되는 것이다.

2-6
기도가 이루어지는 원리

우리는 신에게 기도를 하며, 기도의 대부분은 각 개인이 바라고 간구하는 것을 달성하는 데 집중하는 일일 것이다. 소망을 간절히 바라고 간구하는 것, 즉 우리 대부분은 각자의 사연에 따라 다양한 방식으로 이를 행한 적이 있을 것이다. 요점은 이러한 기도가 과연 개개인 각각에 있어서 모두 이루어질 수 있는가에 대한 정량적 증빙과 과학적 사색을 필요로 한다는 것이다.

이와 관련하여 다양한 성공 스토리를 듣다 보면, 일단 상상하라, 상상에 기쁨을 더하라, 감정을 더하라, 마치 이루어진 것처럼 상상하라는 주장이 주를 이룬다.

즉, 의심의 여지가 없는 확신, 그것이 상상을 현실로 만든다고들 한다. 필자의 경우에도 강력한 상상이 실재적으로 구현된 사례가 있고, 그렇지 않은 사례도 있다. 이러한 성공과 실패의 원인은 과연 무엇이었을까? 실패 사례의 경우에, 일말이라도 확신하지 못했던 것인가?

　최근에 20여 년 전에 썼던 일기장을 다시 복기해 본 적이 있다. 정말 놀랍게도 20여 년의 세월을 거쳐 사실상 100%로의 바람은 모두 이루어졌다. 다시 현실로 와서, 조셉머피의「인생을 바꾼다」도서 내에 있는 기도 문구를 인용해 본다.

　"나의 직장에 있는 사람들이 건강하고 행복한 하루하루를 보내고 있으며, 또한 그들이 출세하기를 진심으로 바란다. 사장은 사랑스러운 눈으로 나의 업무를 지켜보고 있다. 나는 그것을 마음속의 상상을 통해 실제로 볼 수 있다. 나는 다른 사람과 서로 돕고 사랑을 나누며 친절한 태도를 지닌다. 자기가 바라는 대로 되고 싶다면 다른 사람까지 배려해야 한다는 법칙을 지키고 실천에 옮긴다. 하느님의 지혜가 나에게 길을 인도해 주고 있다."

　"기도가 이루어지는 법"은 무엇일까? 중요한 Key-issue에 대해서는 상상을 하고, 집념과 투지와 노력을 필요로 한다. 쉽게 얻은 것이 단기 기쁨으로만 자리 잡듯이, 값진 목표와 바람에는 그만큼의 인내와 결실이 필요하리라. 그것이 제로 포인트가 추구하는 원리이고 정/반/합이 작동되는 원리가 아니던가?

　[무소유가 소유]란 이 비합리적인 이중성에 대해 진지한 고민을 필요로 한다. 나에게 행복은 누군가에게는 불행이 될 수도 있으며, 그 역도 동일하다. 내 안의 에고와 싸우기보다는 에고와 소통

하고 부단히 노력하고 겸손함을 추구하되 그 열정을 절대 잃어서는 안 된다.

하루하루가 매우 소중하고 절실하다. 누군가에게는 어제와 같은 오늘이, 또 다른 누군가에게는 찬란한 하루이며 미래가 될 수 있을 것이다. 인간의 자유의지란 무한하며, 그렇기에 다차원 우주에서 상상이 실현이 될 수 있는 가능성은 결국 (1) 기회의 함수, (2) 감정의 함수, (3) 신념의 함수로 요약되어질 수 있다.

당신은 현 회사의 사장이 되기 위해서 준비를 잘해 왔는가? 경영/경제를 전공하였고, R&D에서도 각종 업적을 남기었다. 추진력이 강하지만, 그만큼 독단적이라는 평도 받고 있다.

그룹사 회장의 이력을 살펴본다.

前 ○○○ 회장은 ○○대 경제학사, 1983년 입사 후 26년 만에 ○○○ 재무실장 이사보, 2008년 ○○○건설 재무실장, 2012년 전무, 2014년에 ○○○ 대우 부사장, 2015년에 ○○○ 가치경영실장 부사장, 2017년에 ○○○ 가치경영실장 대표이사, 2018년에 ○○○캠텍 대표이사, 2018년에 ○○○ 회장

○○○ 전임 회장의 이력을 살펴본다.

前 ○○○ 회장은 ○○대 금속공학 학/석/박사, 1986년 경력직 입사 후, 10년 만에 ○○○ 기술연구소 실장, 2003년 ○○○ 유럽

사무소장, 2009년 종합연구원 원장, 2011년 ○○○ 기술총괄 부사장, 2012년 ○○○ 사장, 2014년 ○○○ 회장

　두 전임 회장의 이력을 살펴볼 때, 실장급 임원으로 성장하기까지 한 명은 26년, 또 다른 한 명은 10년이 걸렸다. 이후에는 2~3년 간격으로 승진에 승진을 거듭하여 회장에 올랐다. 그리고, 그들은 인내의 삶을 버텼을 것이다. 다만, 인내의 시간을 누가 알차고 보람 있고 행복하게 보냈을까에 그 정답이 있지 않을까?
　당신의 상상에 재미를 더하라. 그리하면 그것은 현실로 이루어질 것이다. 확신하라!

제3부

사회상/물질세계에 대한 고찰

나는 긍정적 운명으로 바꾸어 살아가리라.
이것은 가능한 일이다

3-1
물질세계에서의 나의 삶

저자는 1979년에 제주에서 태어났으며 할머니가 돌아가시던 날이 (1982년) 저자 인생의 가장 오래된 기억으로 남아있다. 제주도 이도동 쪽에서 유아기를 보냈다. ○○유치원을 졸업하였고, 제주 삼도동의 초등학교를 다녔고, 평범했지만 행복했던 가정에서 부모님의 사랑을 받고 자랐다. 수업시간에 올챙이 잡으러 다니는 등, 특이활동도 한 것으로 기억하나, 결국 우등상을 받으며 졸업했고, 제주시 도남동에서 중/고/대학교를 모두 보냈다. 중학교는 차석 입학이었고, 무난한 학교생활을 하였다. 도내 명문고를 졸업하였는데 고3 때 성적이 많이 떨어지게 되었다. 다만 무난하게 졸업하였고, 대학교는 지역 국립대로 입학하였는데 졸업할 때는 전체 단과대 수석으로 졸업하면서 총장상을 수상했다.

대학원으로 서울 명문대를 들어갔다. 노량진, 봉천동, 청량리

월세방을 거치며 통합 석/박사 과정을 무사히 마쳤다. 오로지 성공을 위한 열망으로만 다져진 시기였다. 학부과정 때 아마 크리스마스 전날이었다. 캠퍼스 전체에 단 한 명도 없는 학교 옥상에 올라가 달리기를 숨 가쁘게 한 후, 하느님께 성공을 하는 데 도와주십사 하고 기도드렸던 생각이 든다. (그때의 나의 목표는 대기업 부장이었다. 20여 년이 지난 지금 나는 이미 그 목표를 달성했다.)

2009년 7월, 대학원 지도 교수님이 내 박사과정 마지막 논문 심사 시기에 돌아가셨다. 그러나 이미 심사가 거의 종료된 시점이라 무난히 박사 졸업을 하였다. 이후 국책 준정부 연구기관에서 박사후 연구원 과정으로 들어갔다. 2년여의 시간을 마치고 대기업에 입사하여 2021년... 10년 만에 대리에서 부장으로 고속 승진을 하였다.

대학 때 목표였던 대기업 부장은 이미 달성했다. 그리고 이제는 사장과 그룹사 회장도 꿈꿔보고 있다. 이후 사회 사업가를 목표로 물질세계를 영위하기 위해 도전을 진행 중에 있다.

단, 46년간의 세월을 이 글의 1/2 페이지로 압축하였다. 물론 그중에는 가슴 시린 짝사랑의 얘기도 있고, 연애 얘기도 있고, 학창 시절의 여러 추억들도 있으나 이런 것들은 내 기억 속에서만 남기고 싶다. 단, 이 부분은 생각해 볼 필요가 있다. 지구별에 오기 전에 분명히 내가 계획을 하고 수행하고 있는 게 맞는 것인지? 즉, 관찰자적 시점이 필요하다는 것이다. 나의 영혼에게 물어보기를 스스로 권유한다. 나는 태초의 계획대로 내 인생을 잘 살아가고 있는 것인가?

직관적 느낌으로 "그렇다"라고 대답한다. 그렇다면 맞을 것이다. 여타의 부정의 감정이 없으니 그럴 것이다. 내 자신을 믿어보고자 한다.

3-2
인간과 자유의지에 대한 입장

이 책에서 사실상 가장 중요한 키워드 중 하나가 바로 인간의 "자유의지"이다. 이 키워드의 범위는 사실상 무한하다고 판단된다. 즉, 신이 인간에게 부여한 최고의 가치라고 생각된다. 신이 로봇을 좋아하여 시키거나 지시하는 것만을 한다면... 신께서 과연 좋아할까? 우리는 반문해 볼 필요가 있다.

오히려, 신의 입장에서 무료함을 느끼지 않을까? 인간에게로의 자유의지의 부여는 신에게 역시 단조로움의 탈피를 제시할 수 있을 것이다. 일 예로, 고대 올림푸스 신화 책에서 인간사를 모니터링하던 제우스 신 등이 인간사에 가끔씩 개입하는 모습을 우리는 책을 통해서 확인이 가능하다.

물론, 고대 올림푸스 신들의 설화처럼 신이 존재하지 않을 수도 있겠지만, 신은 우리의 일상에 일반적으로 개입을 하지 않는다고 보는 것이 낫다는 생각이다. 아울러, 이러한 명제에는 우리 인간이 또 다른 신으로서, 만물의 창조주 신과 연결되고 있기에 한편으로 항상 연결되어 있다고도 하는 이중성을 가진다고 볼 수 있겠다.

한편, 우리는 물질세계에서 돈/명예/권력을 쟁취한 사람이 행복하지 않음을 무수히 보고 있다. 신의 입장에서 생각해 볼 때도 이 원리는 유사하다고 판단된다. 무료함이 가지고 올 미래는 비참할 뿐이다. 희로애락과 창조성을 가진 인간이, 신에게 있어서 삶의 활력소가 되며, 그럼으로써 신 역시 더욱 성숙할 수 있으며, 이는 인간과 신이 삼위일체로써 연결되는 사항이라고 할 수 있는 부분이다.

그리고, 인간은 무한히 겸손해질 필요가 있다. 신 위에 군림하려 해서는 안 된다. 그분은 나의 하느님이며 나와 정신적으로 연결되어 있는 분이다. 그렇다고 아버지를 두려워할 필요는 없다. 아버지는 아들에게 내리사랑을 주시기 때문에...

3-3
나는 사이비인가?

정설을 벗어나면 아웃사이더가 되고, 대다수가 가진 인식을 벗어나면 사기꾼으로 묘사될 수도 있다. 예수님은 당시 사이비였나? 석가모니는 왕좌를 버리고 해탈의 경지에 도달하였다. 한편, 소위 말하는 당대의 현인들은 어떠한가? 그들은 물질세계에 있을 때 대부분 외톨이였으며, 고매한 사상가였다.

인생 후반기에 이르러 대중의 마음에 자리 잡게 되었으며, 예수님의 경우는 돌아가시고 나서 세대를 걸쳐 위대한 성인으로 남게 되셨다.

현실세계에서 현현의 사람들이 당대에 내린 평가는 아무런 의미가 없다고 판단된다. 내가 종교 지도자도 아니고, 그냥 소시민일 뿐인데... 어쩌면 지구별에는 생각보다 깨달은 사람들이 많이 살고 있을 수 있다. 이들은 기본적으로 선한 감정을 가지고 있으며, 측

은지심을 가지고 있고, 상당한 레벨의 깨달음을 직접 수행하였다.

아울러, 스스로 빛나거나 유명해지기를 원치 않기 때문에 명상을 반복하며, 대중의 인식 속으로 들어오지 않을 수 있다. 사이비 교주와 해탈자가 갈리는 차이점은 바로 이것이다. 그들이 스스로 깨달았다고 얘기할 수 있는가? 이 명제로 들어갈 경우, 나는 여전히 깨닫지 못한 상태이다. 일시적 깨달음은 영원한 깨달음과는 거리가 있음을 이미 얘기하였으며, 명상 및 그 레벨이 늘어남에 따라 깨달음의 상태가 더욱 반복적으로 많아지고 그 시간 동안 길어질 것으로 판단된다.

따라서, 나는 사이비가 아니다. 그냥 소시민일 뿐이다. 이론가도 아니며, 그간의 배움과 독서를 통해 얻은 지식을 기반으로 한 특정 지혜를 얻게 되었을 뿐이다. 인간의 존재는 나약함을 알고 있기에, 신이면서도 신이라 자신 있게 말하지 않는 것을 미덕으로 삼고자 한다.

다만, 오늘 하루하루를 의미 있게 살고 싶고, 기억에 남은 하루로 살고 싶으며, 강렬한 삶의 실증을 통해 나 자신의 영혼이 더욱 성숙해질 수 있고, 카르마를 극복하는 것... 그것이 우리가 인생을 사는 이유가 아닐까? 하고 다시 반문해 본다.

3-4
기쁨의 연상 이미지는?

'기쁨'이란 단어가 주는 이미지는 강력하다. 두 눈을 감고 생각해 보자. 우리의 탄생을 보면서 부모님은 기뻐하였을 것이며, 우리가 유아기에 행했던 미소만으로도 부모님은 행복하였을 것이다. 청소년기에 세대의 초린아로서 각종 새로움과 학습을 병행하면서 시행착오를 하는 과정을 상기시켜 보자. 이 또한 얼마나 기쁘고 귀여운 일인가? 우리는 그렇게 우리네 영아기, 청소년기를 거치면서 이와 동시에 기쁨을 간직하면서 인생을 살아왔다.

청년기에 접어들면서, 기쁨과 번민이 그 비율적 측면에서 대등해지게 되었고, 물론 청년기에는 청년기로서의 기쁨이 있었지만, 이제 사회의 구성원으로서 의무와 책임을 이행하기 위한 부담감의 즉, "불편한 감정의 다리"를 지나야만 했다. 그랬기에 청년기에 우리는 마음껏 기뻐하지 못했고, 마음껏 이를 반추하지 못했던 것도 사실이다.

그렇다면 장년기는 어떠한가? 40대 중반이 장년기의 초입 단계라고 볼 수 있는데, 나 자신의 입지만을 놓고 본다면, 회사 생활, 가정에서의 생활 등 대부분이 책임으로 연결되어 있어 '기쁨'이란 단어를 항상 생각하기에는 어려움이 있는 게 사실이다. 그나마, 명상의 수행과 주말에 동네 형님들과의 소모임 등을 통해 스트레스 탈출구를 경험하고 있기에 이 정도만으로도 감사하다.

대부분의 40 중반대의 중년이 겪는 기쁨의 이미지는 대부분 소멸된 것이 아닐까? 하고 생각해 본다. 이 나이대에 기쁨을 항상 생각하려면, 응당 기존 가지고 있던 것을 모두 내려놓아야 할 필요성을 느낀다. 책임과 의무 사이에는 많은 시사점이 교차하고 있다. 우리가 아버지로서, 장남으로서, 회사 중역으로서, 사회의 구성원으로서 항시 염두에 두어야 하고, 준비 및 긴장의 태세로써 대기해야 한다는 점은 분명히 마이너스 조건일 것이다.

세상 비판하자고 이 글을 쓰자는 것이 아니므로, 이의 솔루션에 좀 더 포커스를 두고 싶다. 그렇다면 이 모든 조건을 인지 및 감수하고서라도 기쁨을 느낄 수 있는 방법은 무엇일까?

(1) 매일 감사하기를 들 수 있다.

예를 들어, 오늘 하루를 영위할 수 있음에 감사하고, 토끼 같은 자식과 여우 같은 마누라와 함께 살고 있음에 감사하고, 기업에서 사람들과 함께 일을 할 수 있음에 감사하고, 가끔씩 골프도 칠 수 있음에 감사하고, 연말에 해외에 여행을 갈 수 있음에 감사하고, 월급을 받음에 감사하고, 그로 인해 와이프 및 자식과 가족을 위해 부양할 수 있음에 감사한다.

나 스스로의 개발을 위해 책을 사서 읽을 수 있음에 감사하고, 정기적으로 의원 선생님께 진찰 및 한방 침을 맞을 수 있음에 감사하고, 넓은 집에서 편히 잠자고 쉴 수 있음에 감사하고, 부모님이 몸은 약간 불편하시지만 여전히 살아 계심에 감사하고, 누님 및 동생이 각자 맡은 영역에서 본분에 맞게 행복하게 살아가고 있음에 감사할 수 있다.

내 주변의 사람들이 큰 어려움 없이 살아갈 수 있음에 감사하고, 가끔씩 내가 어려움을 당하고 이를 헤쳐나갈 수 있음에도 감사함을 느낀다.

(2) 미래를 예상하고 상상해 볼 수 있음에 감사하고 기쁨을 느낄 수 있다.

내가 머지않은 미래에 현 회사의 사장이 되고, 그룹 모사의 회장이 되고, 명상센터를 건립하고, 낚시가게 주인이 되고, 리조트 주인이 되고, 탐험가가 되고, 명상가가 되고, 마스터가 되고, 봉사자가 되고, UN 연계 VIP가 되고, 모든 것을 내려놓은 해탈자가 되고, 이 모든 게 기쁨이 되어 내면으로 승화되는 것에 또 기쁘고, 20

년간 희망이었던 요트 주인이 되는 것도 기쁘고, 자신만의 빌딩을 세우는 것도 기쁘고, 거기에 남녀노소, 불우한 이웃들을 모두 초빙하여 함께 더불어 살아가는 공동체를 세우는 것도 기쁘고, 부의 재분배 및 재창출을 하는 것에 대해서도 기쁘다.

(3) 중심이 내가 아닌 것에 대해서도 기쁨을 느낀다.
우리나라가 아시안컵 우승에 도전하는 것도 기쁘고, 가톨릭 교황께서 세계 평화를 위해서 기도해 주시는 것에 대해서도 기쁘고, 선을 행하는 모 기업가가 지구촌의 발전을 위해서 과학기술의 혁신을 이루는 것도 기쁘게 생각하게 된다.

핵심은, 우리 일상의 모든 것이 기쁨이 될 수 있음을 알아채는 것과 또한 이를 실행하는 것이다. 백문이 불여일견(百聞而不如一見)이다. 당장 이 글을 덮고 실천해 볼 것을 추천한다.
어떤가? 내 가슴속에서 새로움이 물결치고 있지 않는가? 무언가 영혼이 용솟음치고 있지 않는가? 그게 바로 우리네 인간의 삶의 목적인 것이다.

3-5
멀티버스의 세상은 존재하는가?

　　다양한 "나"가 존재하는 멀티버스의 장은 존재한다고 생각한다. 마치 영화 "매트릭스"나 "대혼돈의 멀티버스"처럼, 다양한 시나리오와 다양한 현재, 미래, 과거가 존재하는 영역에서의 멀티버스 세상, 즉 다른 차원의 시나리오를 가진 세상이 존재하는 것으로 판단된다. 이것에 대한 물질세계 범주 내의 근거는 아직까지 찾지 못했다. 그간의 독서, 명상 등을 통한 직관적인 판단일 뿐이다. 그러나 명상이 깊어지고, 꿈 등의 무의식의 영역과 반의식 상태에서의 영역에서의 활동이 많아지면 많아질수록 직관적으로 느끼게 되리라...

　　아직, 이를 물질세계에서 증명하기에는 나 자신의 부족함이 느껴진다. 물론, 물질 세상과 영혼 세상의 소통방식이 다르기에 이를 표현하는 것은 쉽지 않다. 그럼에도 불구하고 우리에게는 예수나 부처처럼 영적 마스터가 있었고, 그들의 희생과 몸소 행동하심을 통해 수천 년이 지난 지금까지도 우리에게 영적으로나 역사학적 관점에서 전달되고 있는 것이다.

마치 우리가 영성책을 처음 접할 때, 처음에는 '책 내용이 이해도 되지 않을 뿐더러 사이비가 아닐까' 의심했던 것처럼, 반복적인 사유와 명상과 사고의 변형을 통해 스스로 정제화해 가는 과정이라 생각하면 이해가 쉬울 듯하다.

"진리가 너희를 자유케 하리라."

이 말을 가슴속 깊이에서부터 세세하게 사유해 보기를 권고한다. 여기에서, 자기 주도적인 해석은 상당히 위험할 수 있다. 서생의 현실 감각을 반드시 유지하고, 스스로 겸손하며, 좌우 앞뒤의 측면에서 한 단계씩 검토하고 강화할 필요가 있다.

특정 식견이 쌓이는 순간, 세상의 진리를 관통하는 "궤"를 경험하게 될 것이다. 이 문장은 만고불변의 진리라 장담한다. 개인의 시간 차가 존재하겠지만, 부단히 사유하고 노력하다 보면 그러한 경지에 도달할 수 있다. 내가 직접 경험해 봤기 때문에...

그리고, 인간은 신이며, 절대자이며, 자유의지를 부여받은 존재임을 공감하게 될 것이다. 다양한 삶의 시나리오가 존재한다. 영적 세계에서 미리 설계를 하였던지, 물질세계에서 자아 의지에 의해서 바꿔 나가던지, 또 다른 다차원의 시공간 범주에서 극명하게 대조되는 삶을 사는 내가 존재할 수 있음을 부정할 필요가 없다.

오그 만디노의 명언을 인용하자면, 사랑이 충만한 마음으로 오늘을 맞이하고, 성공할 때까지 투쟁할 필요가 있다. 당신은 자연의 위대한 창조물이며, 마치 최후의 순간이 온 것처럼 오늘을 살아가기 바란다. 아울러 당신 감정의 지배자가 되어야 하며, 항상 웃으면서 이 세상을 살아가기 바란다. 또한 당신의 가치를 몇 백 배 증가시키도록 부단히 단련하며, 이를 반드시 실천으로 옮기기 바란다. 그리고 앞의 내용에 대해 인도를 받기 위해 항상 기도하기를 권고한다.

멀티버스의 세상이 존재함은 당연한 것이다. 바로 당신에게는 자유의지가 이미 부여되어 있고, 과거-현재-미래는 연결되어 있기 때문이다. "데자뷔" 현상을 주목하고, 당신이 이분법적 사고를 하지 않는다면, 다층의 시나리오를 가지게 되는 것이다. 경계해야 되는 것은 무료함일지니, 에고의 공격은 가혹하리만큼 집요함을 잊지 말아야 한다.

부연하면, 당신은 결국 이기게 될 것이다. 나폴레온 힐도 그의 사후, 70년이 지난 뒤에야 후대에 의해 회고록을 출시하였고, 살아 있던 당대에는 이를 평가받지 못했다. 희로애락을 경험하면서, 성공과 실패도 모두 맛보았다. 카네기부터 빈자들까지 성공과 실패한 많은 이들을 인터뷰하고 정리하면서 그는 많은 갈등에 둘러싸였을 것이다. 그리고 죽기 전 그의 저서를 비밀리에 남겨 놓았다.

성공의 비밀은 바로 이것이다. 자유의지와 신념, 꾸준함, 명확한 목표의식, 창조성, 기쁨, 사랑, 즐거움, 나눔의 상태, 베풂의 상태, 겸손함, 기도, 웃음... 당신의 마음 안에 이를 항시 둘 수 있다면, 당신은 이미 영적 마스터 단계에 진입했다고 볼 수 있다.

그리고, 3인칭 시점에서 스스로를 관찰해 보기를 바란다. 남이 나에 대해 다른 평가를 내릴 수는 있어도, 진실하게 제3의 내가 나를 다르게 평가할 수는 없다. 다시 한번 강조하건대, 내 안에 자유의지와 신념, 꾸준함, 명확한 목표의식, 창조성, 기쁨, 사랑, 즐거움, 나눔의 상태, 베풂의 상태, 겸손함, 기도, 웃음을 항시 장착하도록 노력하라. 당신은 반드시 이길 것이다.

3-6
은퇴에 대해서도
미리 생각해 볼 필요가 있다

    회사 내 은퇴에 대해서도 미리 생각하고 실천해야 한다. 월급쟁이 회사원이건, 공무원이건, 개인사업자가 아닌 바에야 타인에게 물질적 사항을 의존/위탁하고 있는 관계이다. 개인사업을 하던, 회사 생활을 유지하면서 알바를 하던 경제적 파이어족이 가급적 빨리 되기 위해 스스로를 단련하라고 하고 싶다. 핵심은 본인이 직장인이던, 알바족이던 본인이 주관하는 능동적인 삶을 시스템화 하라는 것이다. 그 시기는 40 중반을 임계치로 잡아두는 게 좋다.

    우리가 보통 초/중/고/대학을 거쳐 대학원까지 다니게 되면 30 초중반을 경험하게 되고, 경력직 10여 년의 세월을 겪다 보면 어느덧 40대 초중반이 되어버리는데, 이때까지 전문직 혹은 회사원의 업력을 담당해 왔다면 회사 내 중간 관리자의 역할을 수행하고 있을 것이고, 개인사업자의 경우에는 이제야 자리를 잡아서 제2의

순환 주기를 기다리고 있는 타이밍으로 판단이 되어진다.

 자영업자의 경우에는 이미 평생직장에 들어섰다고 보면 될 거고, 회사원의 경우는 이제 무엇을 해야 할까 하고 고민을 쉴 새 없이 해야 하는 단계에 들어섰을 것으로 판단된다. 자의든 타의든 물질세계에서의 시간은 유한하며, 이것을 능동적인 창의적 활동으로 연계하기 위해서는 자발적 은퇴 준비가 맞는 것 같다. 그렇다면 이제 만 46세의 나에게 은퇴란 무엇인가? 제2의 인생의 시작이라고 말하고 싶다.

 그동안 꿈꿔왔던 일들을 직접 단계별로 준비하여 시행하고 시뮬레이션하면서, 특정 시점에서는 Say Goodbye 하면서 쿨하게 이 직장을 나서는 날을 준비해야 한다. 무엇을 할까? 그에 따른 실천 방안은? 나 개인의 생각을 가감 없이 기록해 본다. 단 25년 8월 현재의 생각이므로 이 또한 추후 당연히 변화될 수 있음을 여지로 남겨두고자 한다. 중요한 것은 실행이다. 행동이 부여되지 않은 사고는 의미가 없다. 하다못해 이력서라도 써서 직접 경력직으로 타사에 지원해 보길 추천한다. 시도가 중요한 것이다.

(1) ○○대 겸임교수

 후배인 장 교수와 선배인 안 교수님께 예전부터 퇴직 즈음에 해서 추천해 달라고 부탁했던 사항이다. 현재 점진적으로 진행되고 있는 사항이다. 내 나이 50 정도가 되면 당연히 직을 얻지 않을까?

임원이 되면 더욱 명분이 생길지도 모르겠다. 외부 학회 활동을 통해 이미 전문학회 이사, 위원회 위원장, 위원회 간사, 부위원장, 국토교통부 기준심의위원, 행안부 위원 활동도 했으니 전문성은 어느 정도 인정받았다고 할 수 있지 않을까?

그리고, 아이러니하게도 이 부분은 25년 8월 현실이 되었다. 2025년 9월부터 나는 ○○대 겸임교수로 출강을 하게 되었다.

(2) 작가

어릴 적 막연하게 꿈꿔왔던 장르이다. 전공서적의 대표 집필자로서 경험은 이미 수행해 왔고, 수필 혹은 소설 작가로 무한한 상상력에 기반한 책을 쓰고 싶다. 바로 지금 현재 내가 기록하고 있는 것이 이 부분의 영역이니 올해 하반기 즈음에는 물리적 형태의 책이 나오리라 예상된다. 영적 성장 단계 책을 쓰고 있는 지금처럼…

이 과정은 현재에도 진행형이며, 현재 약 5년의 시간 동안 글을 써왔다. 아직은 전문 작가가 아니기에 띄엄띄엄 쓰고 있지만 한 번의 글쓰기에 2~3페이지 정도 쓰는 것은 이제 매우 부드럽게 이어지는 듯하다.

필력이라는 것이 단지 하루 만에 이루어지는 것이 아님을 뼈저리게 느끼고 있다. 이를 위해서 다양한 간접 경험인 독서, 사고, 고찰의 시간을 더욱 증가시켜야 함을 느끼고 있다. 결국 창의적인 아이디어는 여러 가지 간접 경험이 모인 가운데에서 별도의 사색과 정리를 통해 도출 응용되는 과정이라 믿어 의심치 않는다.

그리고 그러한 종합 창의적 사고 도출 훈련은 최소 수백 권의 양질의 책과 사고와 사유와 고찰을 통해 이루어지며, 글쓰기의 힘 또는 이러한 식견이 바탕이 된 가운데 종합 창의 표현을 하는 예술이라 생각하면 된다. 그러기에 AI시대에도 종국적으로 버틸 직업은 작가의 길이 아닐까 생각한다. 모든 물리적인 암기, 지식 전파의 직업들은 결국 취합 및 소멸될 수밖에 없을 듯하다.

기존 지식은 분명히 한계가 있으며, 빅 브라더의 시대에서 수렴하게 될 것으로 강력히 판단된다. 오직 창의적인 사고만이 남게 될 것이고 선한 텔레파시의 영역에 대한 인류의 필요성 단계를 거쳐서 고주파수의 신호·통신 체계 및 각성의 단계로 진입하게 될 것이다.

아이러니하게도 이 부분은 25년 8월에 실제 활동 모드로 진입하게 되었다. 「완비영성록」이란 책을 최근에 접하게 되면서, 해당 완비 작가님의 영성 관련 경험담을 알게 되었고, 도를 경험하고 지속적으로 추구하는 삶을 살아가려는 완비 작가님의 의지에 감동의 박수를 보내고자 한다. 아울러, 완비 작가님에 비해, 여전히 매우 부족한 나를 직시하게 되었고, 미력하나마 접하게 된 그 출판사인 보민출판사에 접촉을 하여, 나의 그간의 사유에 대한 기록을 남기고자 한다.

(3) C사 및 J사 고문/컨설턴트

대학원 친구의 개인 회사에 들어간다. 국가 R&D 등 연구과제를 위한 실험체를 제작하고 실험하고 연구보고서를 써주는 회사가 있고, 한편으로는 소형 구조물 등을 제작하고 구조체 실험 등을 수행하는 회사이다. 역시 R&D 등 실험 보고서를 작성하는 것을 주 업무로 한다.

전업제 직장보다는 파트 타임이 서로에게 부담이 가지 않는 범위에서 적당할 것으로 판단되고, 기술 컨설팅 혹은 R&D PM 급의 업무가 적당할 듯하다. 즐기면서 한다는 데 포인트가 있다 보니, 빡센 업무 일정보다는 창의적이고 대신 업무 처리는 패키지화된 업무 처리를 하는 게 어떨까 생각된다.

특히, 최신 트렌드에 맞추어서 각 프로세스별 탄소 저감량을 산출 연계하고, 이를 광범위한 탄소 포집사업으로 구축하는 것도 괜찮은 일인 듯싶다.

단순 일을 지향하기보다는 일과 일이 연계성을 가지고 진행되면서, 이왕이면 개인-가정-사회-국가-지구촌의 측면에서 일정 부분 기여하는 것도 좋다고 판단된다.

어쨌거나 인생의 절반을 치열하게 살았고, 남은 절반은 개인의 비전 성장과 더불어 남에게 이득이 되는 방향으로 설정하고 더불어 함께 살아가고 기여하고 싶은 마음이 크다.

(4) 낚시점 오너

그냥 막연히 좋아하는 취미에서 가져오게 된 것인데, 낚시만 생각하면 도파민이 넘쳐흐르는 느낌이다. 초등학교 때 아버지랑 복어 수십 마리를 잡았던 어렴풋한 기억이 있었고, 나이가 들어서 혼자 원투 낚시를 다니고, 루어 낚시를 다니고, 배 낚시를 다닐 때도 그렇게 기분 좋을 수 없었다. 고기가 잡힐 때는 잡힌 대로, 초릿대가 방울을 울리며 흔들어 대는 그 시원하고 짜릿한 느낌까지도 모두가 좋았다.

낚시 미끼며, 여러 가지 용품들을 사다 보니 이 분야 시장이 의외로 큰 시장임을 알게 되었고, 큰 도매상을 하게 되어도 평생 취미 삼아 노후 인생을 사는 데에 지장이 없지 않을까? 라는 느낌적인 느낌의 레벨까지 갖추게 되었다.

전 국민 레저 활동의 영역에 들어섰다고 판단하였고, 관련 상품 시장은 초저가에서 낚시대 한 대에 1억 원을 돌파하는 제품도 있으니 이보다 더 매력 있는 시장이 또 어디 있을까 하는 생각이다. 이 부분은 온라인 영역만 잘 구축하더라도, 굳이 off-line 점포를 구축하지 않더라도 충분히 연계 가능한 상품이라는 것을 짐작하게 되었다.

마치 대학원 때 동기였던 김○○이가 전기면도기를 포대갈이 해서 일정 마진을 가지고 되팔았던 것처럼 말이다. 온라인 플랫폼만으로도 충분히 비즈니스가 되는 영역이라 시간을 내어 홈페이지

구축 및 운영만 한다면 무자본 창업사례 구축에도 충분히 기여할 것으로 판단된다.

(5) 도서점 오너

이 역시, 긍정의 기운이 느껴지는 키워드가 아닐까 생각한다. 요즘은 오프라인 형식의 도서관보다는 전자서적 혹은 온라인 구매를 통한 서적이 여러모로 대세인 것은 인정하지만, 우리가 어렸을 적 동네서점에 가서 좁은 서점의 한 귀퉁이에서 종이 냄새를 맡으면서 여러 책들의 목차를 살펴보고, 시간이 나면 일부 책을 완독하는 등 여러 추억이 담겨 있는 게 사실이다.

현시점에서 내가 원하고 바라는 것을 모두 달성하게 되면, 제일 마지막에는 조그마한 오프라인식 서점을 열어서, 인생의 말년을 향유하고 싶다. 물론 글로벌 명상센터와도 같이 병행해야 할 것 같은데, 육체적인 힘이 있을 때까지는 서적 정리도 내가 하겠지만, 이후에는 국가나 지자체에 기부하는 것에도 향후 추진된다면 염두에 두어야 할 것 같다.

그래도 인생을 살면서 부모님 혹은 내 스스로에게 대견하다고 느꼈던 것은, 항상 책을 주변에 두고 함께 생활해 왔다는 것이다. 그래도 이제껏 읽은 책을 두루 통합하면 오천 권 이상은 되지 않을까 어림잡아 생각해 본다.

간접 경험으로써 최대의 가성비를 가지고 있는 독서, 그리고 오프라인에서 책 한 장, 한 장을 넘기면서 완독해 가는 과정, 보고 싶은 책을 온라인 주문해 놓고 기다리고 있다가 퇴근 시에 받아 들 때의 감동... 이런 것들이 나에게 모두 행운이었고, 감사였고, 행복이었음을 자인하지 않을 수 없다.

아울러 짧다면 짧은, 길다면 길었던 46년간의 인생사에서, 주변에서 책을 좋아한 사람이 불행하다는 얘기를 단 한 번도 들어보거나 여타의 리얼 부정 상황을 목격하지 못했다. 그러니, 최대한 책을 많이 읽고, 다양한 경험을 두루두루 해보기 바란다. 그것이 지구별에 온 우리의 중요한 책무가 아니었나?

(6) 리조트 사장

그냥 생각만 하고 있는데, 그간의 건설 관련 네트워크를 전부 활용하고, 내가 개발했던 요소 기술들을 전부 적용하면 VE 형태의 고유한 리조트로 거듭날 수 있지 않을까 생각한다.

(7) 기술 투자사

벤처 측면에서 약 3년간 준비해 왔고, 사업자등록증 이전 단계까지 준비해 놓은 상태이다. 회사를 떠나게 된다면 바로 응용 및 실행이 가능한 상태로 그리고 좀 더 디테일한 상태로 보완 업데이트를 해나갈 생각이다.

아울러, 25년 초에 기업/기술 가치투자 평가사에 등록 및 시험

접수를 진행하고자 한다. 박사학위를 받으면서 이제 내 인생에 시험은 더 이상 없을 거라 판단했는데, 여전히 시험에 응시하고 공부하고 있는 것을 보면, 인생은 무던히도 학습하고 경험해야 하는 과정임이 명확해지는 듯하다.

결국, 2025년 4월에 해당 기업기술가치평가사 시험에 합격하여 이 부분도 완결이 되었으며, 현실에 많이 유용한 자격증으로 판단한다.

(8) 명상 학원장

이 부분은 오랫동안 생각해 둔 것이며, 사실상 내 인생의 최종 단계라 할 수 있다. 사무실을 임대하고, 사업자등록증을 내면 되고, 구청에 신고하면 되고, 그리 어려울 일은 없다.

문제는 실행이 중요한 것이다. 현실에서의 여러 이유로 인해 차일피일 미룰 경우 5년 뒤, 10년 뒤에도 결과는 같음을 직시하여야 한다.

3-7
최악의 일진을 피하는 방법

흔히, 신체리듬 주기 또는 멘탈 주기라는 말을 종종 듣는다. 같은 하루인데, 우리네 신체 사이클은 마치 사계절처럼, 봄과 가을에는 역동하고, 여름과 겨울에는 움츠리는 주기를 가지고 있다. 그래서 과거의 성현들을 통해 만물의 이치와 계절에 따른 흐름, 인간사가 모두 연결되어 있다고 생각된다.

어떤 날, 새벽에 꾼 꿈에서는, 검은 고양이가 나를 향해 공격해 들어왔고, 또한 주변 사람들과 싸웠으며, 컴퓨터 운세에서는 오늘이 최악의 날이라 여기어 집에만 틀어박히기를 권고하였다. 심지어, 오늘의 평가를 미리 예견함에 있어도 일을 해도 아무 쓸모가 없는 하루라고 미리 평하였다. 과연 그럴까? 그렇다면 우리의 일진 및 운명은 이미 정해진 것이기에 추가로 뭘 더 할 필요도 없을 듯하다. 과연 그럴까? 그래서 이에 대해 탐구를 해보기로 하였다.

신체적 리듬도 떨어지는 듯하여, 오늘 오전만 회사 나왔다가 오후에는 반차를 쓸까도 진지하게 고민하였다. 아침에 회사로 출근하는 자가용에서 나폴레온 힐의 "결국 나는 이길 것이다"를 반복해서 들으면서 최악의 하루로 예상된 오늘을 뒤집어 보겠다고 스스로 다짐했다.

느낌적인 느낌이랄까? 차동엽 신부님의 「눈이 열려」 책을 어제 오늘 이틀에 걸쳐서 완독하니 성취감을 느낄 수 있었다. 더구나 오후에는 회사에서 승진자 발표가 있었다. 부장, 차장, 과장, 대리 등등...

그간 데면데면하던 사람이나 약간 껄끄러운 관계에 있던 분들에게 사내 메시지를 통해 진심으로 축하해 주었다. 그 결과... 인간의 운명과 리듬은 반드시 이겨낼 수 있음을 느꼈다. 즉, 원수를 용서하거나 미움에 차 있던 사람에게 베푸는 용기는 이러한 신체리듬 및 정신 주기의 하락을 극복이 가능하다고 판단하였다.

오늘 하루가 거의 지나가는 지금, 오히려 마음이 홀가분함을 느낀다. 내려놓음의 또 다른 자유라고 할까? 반드시 최악의 일진으로 예측되던 오늘이 그런 날이 아님을 다시 한번 되새길 수 있었던 하루였던 것 같다. 나만의 고집과 나만의 아집이 스스로를 옭아매는 것은 아닌지... 충분히 사유하고 성찰할 필요가 있다.

(1) 나는 사랑이 충만한 마음으로 오늘을 맞이하리라.

(2) 나는 성공할 때까지 투쟁하리라.

(3) 나는 자연의 위대한 창조물이다.

(4) 나는 마치 최후의 순간이 온 것처럼 오늘을 살아가리라.

(5) 나는 내 감정의 지배자가 되리라.

(6) 나는 항상 웃으면서 이 세상을 살아가리라.

(7) 나는 오늘 나의 가치를 몇 백 배 증대시키리라.

(8) 나는 반드시 실천하리라.

(9) 나는 인도를 받기 위해 기도하리라.

[오그 만디노의 글 中(정신세계사)]

나는 긍정적 운명으로 바꾸어 살아가리라...
이것은 가능한 일이다.

3-8
나이 듦, 건강과 인생에 대해

　인생의 절반 시기에 접어들면서 각종 물질세계의 병의 지표들이 증가하게 된다. 비만, 고혈압, 고지혈, 지방간, 심방세동, 당뇨 등등 신체의 노화는 개인의 습관과도 연결되어 있으며, 삶의 비중과도 관계되어 있다. 신체 관리를 누가 잘하였는지, 누가 적절히 "소식"을 실행하며 건강관리를 수행해 왔는지...

　인생 역시 그러하다. 물질적, 정신적 상승 단계의 추구에는 그만큼의 노력과 열정이 담겨 있을 것이다. 정/반/합의 원칙에 따르면 특정 파트가 우세일 경우, 특정 파트가 열세가 되면서 합일을 이루게 되며 평형의 원리가 수렴되게 되는 것이다. 그리고 단조롭던 일상에 도전의식을 불러일으켜 줌으로써, 더욱 긴장하고 스스로 단계별로 성장해 가는 도약과정으로 삼고자 한다.

　이제 다음 목표는 경영자이다. 남과 같아서는 리더가 될 수 없다. 직접 선봉에 맞서서 경험하고 그 노하우를 취득하게 1~100까지 디테일을 알고 있고, 자체 분석 및 결정이 가능한 전문성을 갖추어야 한다.

오늘 그룹사 Insight에 나온 차기 CEO의 자격요건을 정리해 본다.

(1) 경영 역량(비전 및 가치 제시, 전략적 사고, 혁신 선도)
(2) 산업 전문성(그룹 핵심산업 통찰력, 미래 신기술 이해)
(3) 글로벌 역량(글로벌 사업 수립 전략)
(4) 리더십(인재 육성, 소통 능력)
(5) Integrity/Ethics(경영윤리/준법, 사회적 가치와의 조화)

역으로 나 자신에게 물어본다. 당신은 위의 5가지 덕목을 이미 다 갖추었는가? 여전히 부족한 부분이 많음을 온몸으로 뼈저리게 느낀다. 그렇다면 무료하게 앉아있을 이유가 없지 않은가? 오늘 하루 최선을 다해 당신의 목표를 위해 질풍처럼 질주하라. 그나마 감사하고 기쁜 것은 2024년의 CEO 역량 덕목이 2030년의 회장 역량 덕목은 아니지 않은가? 그리고 당신이 경영 역량, 산업 전문성, 글로벌 역량, 리더십, 윤리를 하나씩 갖추어 가면 되지 않겠나? 2030년까지…

그리고, 체력 관리, 신체 관리 역시 리더에게는 필수 불가결한

조건이다. 운동의 정례화, 건전한 육체의 유지 역시 매우 필요하다. 매일의 명상 역시도...

오늘 하루는 나에게 있어, 특별한 하루였다. 또 한 번 도약의 시기를 점검한 하루였으며, 현 소속회사의 미래와 연결하여서도 주목할 만한 하루였다.

극강의 주파수로 미래를 현실로 끌어올 것이다. 혹은 평행의 멀티버스 세상에서는 이미 실행이 되고 있는 것일지도... 거침없이 의연하게 무쏘의 뿔처럼 혼자서 가라...

제4부

깨달음에 대한 고찰

나는 오늘 긍정의 마인드로
더욱 나아지고 있다는 믿음으로 살아가겠다

4-1
행복한 삶이란 무엇인가?

인간은 신이며, 자유의지를 부여받았다고 서두에 설명했다. 행복한 삶이란 스스로의 가슴속에서 만족하고 내려놓은 삶이 될 것이다. 이는 심적 주파수의 파동과 관련된 것인데, 사랑의 마음이 주파수의 진동 영역대가 가장 큰 것으로 알려져 있다.

"사랑하고 헌신하라."

이 말이 최고의 행복을 가져다줄 수 있을 것이다. 물질세계에서의 가족 간의 사랑, 자아 성취, 돈, 명예, 권력은 영혼세계에서는 의미가 없다고 판단된다. 단, 여기서 물질세계를 모두 내려놓을 경우, 개인적으로 허무주의에 빠질 수가 있다.

그러나 그럴 필요가 전혀 없다. 삶의 주파수를 영혼세계에 맞추라는 얘기이지, 물질세계를 모두 내려놓으라는 얘기가 아니다. 물질세계를 통해 사랑과 헌신을 실천한다면 이 또한 의미 있는 일이며, 카르마를 해탈하고 영혼을 성숙시키는 데 일조할 수 있는 일련의 activity가 되는 것이다.

4-2
영점장에 도달하기 어려운 이유와 영점장에 도달하는 법

지난 3년여간 부단히 노력했음에도 여전히 영점장에 도달도 못했을 뿐만 아니라, 자유자재로 드나드는 것은 매우 어려운 일로 판단된다. 사욕을 버리자고... 많은 것을 내려놓자고 해도 에고는 항상 나타난다.

거짓을 없앴다. 고민이 사라진다. 과거의 아주 조그만 부정의 기억마저도 호출하여 죄를 인정하고 상대 혹은 나 자신의 양심에 기도하고 회개를 하였다. 그럼에도 불구하고 에고의 간섭과 생각의 훼방은 여전하다. 물론 과거보다 많이 줄어든 것도 사실이지만... 그러나 희망만으로도 언젠가 영점장에 도달할 것이라 믿어 의심치 않는다. 나는 신이면서 신의 분체이니까... 나는 결국 이기게 될 것이다.

4-3
두려움을 없애는 방법

스스로가 신임을 깨닫는 순간, 두려움은 사라지게 된다. 물질세계에서의 죽음이 단절이 아님을 아는 순간, 영혼세계로의 확장임을 아는 순간… 역시 두려움은 사라지게 된다.

인생의 목적이 희로애락의 삶을 실재감 있게 살아가는 것임을 아는 순간, 두려움은 사라지게 된다. 기쁜 일만 존재하는 게 아니라, 슬픔도 존재하고, 그리고 그러한 카르마를 모두 경험하는 것이 태초에 지구별에 온 목적이라는 것을 깨닫는 순간 두려움은 사라지게 된다.

가장 어려운 일은 끈기를 가지고, 행동해 가는 일일 것이다. 따라서 매일 매일을 기쁨과 감사의 날로 점유해 나가길 바란다. 무료함과 부정의 생각은 에너지를 소멸시키고, 창의성을 소멸시켜 간다.

물론 지구별에 올 때 80%는 거의 결정되어져 왔기에 이의 방향을 트는 것은 어려운 일일 수도 있으나 불가능한 것은 절대 아니다. 그렇기에 어떠한 일에도 두려움을 가질 필요는 없다. 지금 이 순간을 살아가면서 희로애락을 경험하는 것이 인생이고 그러한 인생사에게 부정적인 인식의 상태가 두려움으로 나타나게 되는 것이다. 두려움도 배움과 경험의 소중한 자산이 될 수 있음을 직시하기 바란다.

4-4
사랑과 헌신의 방법

　물질적으로 타인에게 봉사하는 것도, 심적 수련을 통해 사랑과 헌신의 주파수를 보내는 것도 모두 이 영역에 포함된다고 본다. 단, 면죄부의 컨셉으로 접근하면 안 되고 진심에서 우러나오는 마음으로 진행해야 한다. 제3자가 판단할 영역이 아닌 본인 스스로의 판단 영역이라고 보면 된다.
　막연히 지하철에서 구걸하는 젊은 친구에게, 적선을 시행해 보기 바란다. 길거리에서 폐지를 줍고 가는 노인분들의 수레를 밀어 보기 바란다. 길거리에서 택시를 못 잡거나, 길을 몰라 방황하시는 노인에게 능동적으로 길을 알려주기 바란다. 당신의 영혼이 급성숙해지고, 긍정의 기운이 더해감을 바로 느끼게 될 것이다. 이러한 경험은 억만금 혹은 상상만으로 할 수 없는 것이다.
　아무리 상상에 기쁨을 더하고, 이미지를 더하고, 환희를 더하더라도 실재하는 것만큼, 행동하는 것만큼 생생한 것은 없다. 자원봉사를 직접 해보기 바란다. 물질적인 봉사도 타당하겠지만, 본인이 직접 불우이웃에게 도시락 배달을 해주고, 기금을 전달하고, 집 청소를 함께 해주고, 노후화된 집기들을 고쳐줘 봐라.

왜 물질적으로 가난한 사람이 자신의 재산을 모두 모아서 기부하는 행위를 하며, 그들의 얼굴에는 빛이 나는지를... 왜 둘째가라면 서러운 재벌 총수들의 얼굴에는 항상 근심이 가득한지 단번에 알 수 있을 것이다.

우리는 지구별에 왜 왔는가? 오랫동안의 카르마 수행을 위한 보상으로써 지구별에 온 것이다. 따라서, 여기서 우리는 지금 이 순간을 즐겨야 하며, 이를 더욱 극대화하기 위해서 사랑과 헌신이 최고의 증빙 사례가 되고 있음은 두말할 나위가 없다. 일단 실행해 보시라. 사소한 것부터, 직접...

머릿속 상상만으로는 달할 수 없는 기쁨이 있을 것이다. 나날을 소시민의 작은 실행 기반 기쁨으로 채워간다면 당신의 인생은 거의 완벽하게 마무리를 할 수 있을 것이다.

4-5
에고를 물리칠 방법

예수님의 삶을 목도하고 생각해 보라. 당신은 신이며, 자유의지를 부여받은 사람이다. 자유의지에 따라서 에고를 물리칠 수 있으며, 그러나 결코 만만치 않은 상대라는 것을 인지하기 바란다.

무경계의 영역에 존재할 때 에고가 사라지며, 선과 악의 이원론적 영역에서는 에고는 존재할 수밖에 없다. 깨달음도 일시적 깨달음이 영원할 수 없으며, 따라서 명상과 영혼의 성장을 통한 겸손한 상태 가짐만이 이를 돌파할 수 있다고 본다.

긍정도 부정도 아닌 상태에서만이 에고가 활동을 멈춘다. 에고를 맹종하거나 무시할 필요는 없다. 원래 에고는 그렇게 정의된 것이기 때문이다. 무념무상의 상태, 그러나 모든 것을 내려놓는 것은 아닌 이 설명 불가한 상태가 에고가 없는 영점장의 상태인 것이다.

여전히 영점장을 경험해 보지 못한 나로서는, 이 부분을 체험해 보지 못한 것에 대한 무한한 갈증이 있는 것도 사실이다. 예수 그리스도가 12세에 바리새파 임원들과 토론 대결에서 이기지 못했다면, 그의 12세에서 30세까지의 기록이 존재했을 수도 있었을 것이다. 부활 이전에 예수님은 인간이었고, 그를 절대신으로 만들기 위해서 전 생애에 걸친 일부의 삶이 왜곡되거나 사라졌을 수도 있지 않았을까? 혹은 동정녀 마리아의 믿음이 중간에 단락된 상태에서 예수님도 인간사를 방황한 시기도 있지 않았을까? 종국에는 깨달음을 얻어서 부활신이 되었다고 해도, 그 과정 과정에서 인간의 굴레를 벗어나지 못하는 활동들이 있었다면, 지금의 성경과는 다른 야사들이 존재할 수 있지 않았을까?

예수님의 12제자가 진술했던 공통적인 얘기 외에, 각각의 제자들이 별건으로 진술했던 예수님의 생애와 관련된 내용들도 반드시 존재했을 것이고, 누군가에 의해 기록되어 남겨졌을지도 모른다.

누군가는 신의 기능을 부정적으로 활용하였고, 역사를 왜곡하였으며, 신을 절대화하는 과정에서 진리를 다 담을 수 없었을 것이다.

성경 속 인물인 의심 많았던 도마처럼, 창조적 사고의 영역을 활성화시켜야 한다. 에고는 야멸차게 동행하게 될 것이고, 우리는 이 에고를 결국에는 극복하게 될 것이다. 그것이 인생이니까...

4-6
하루하루를 새롭게 창조하는 법

 부자가 되는 법... 세상의 문리에 통달할 경우 물질적 축복을 받는 것은 매우 쉬운 일이다. 주식이 될 수도, 사업이 될 수도, 혹은 컨설턴트가 될 수도... 대기업의 CEO가 될 수도... 개인사업자가 될 수도... 집중하고 리얼하게 느끼며 상상하라... 당신이 수조 원대 자산가가 되어 물질적 축복을 받으며 쉬고 있는 모습을... 혹은 당신이 10년 후 미래에서 왔다고 상상하는 모습도 괜찮은 방법이다.

 낮은 이들... 사실상 높은 이들과 함께 호흡하며 그들에게 사랑을 베푸는 모습을... 혼돈의 세상 속에도 한 줄기 빛은 존재하며, 모두가 둘러싸인 악의 그늘에도 한 줌의 선의 에너지가 존재하니... 결코 두려워 말라...

 당신은 당신의 의지대로 창조 성숙되어져 갈 것이다. 매일 명상을 하되, 감사 일기를 쓰면서, 창조적인 일과 아이템을 작성해 보라... 단 며칠의 기록만으로도 당신은 에너지가 충만해질 것이다. 당신의 창조적 상상력에는 그 어떤 제한도 둘 필요는 없다. 해보고 싶은 것... 경험하고 싶은 것 모두가 대상이다... 항상 기뻐하라 범사에 감사하라... 모든 이를 사랑하라...

4-7
무료함과 삶의 단조로움에서 일어서는 법

오늘이 내 인생의 마지막인 것처럼 살아라… 매일이 그러할 수 없겠지만, 긴박감을 줌으로써, 미뤄뒀던 일들에 대해 스스로 채근할 수 있으며, 혹은 일상이 집중되지 않을 때 집중하는 방법으로는 최고인 듯하다. 앞서, 사람에게는 이성과 감정의 주기가 분명히 존재하며, 저주기의 영역에서 무료함과 허무함이 밀려올 수 있다. 이때 자신의 과거를 돌이켜보며 반성하기도 하고, 올해의 계획, 이달의 계획 등을 점검하고, 내년의 계획이나 취미, 특기, 봉사, 부캐 활동에 대해 생각하는 것도 좋을 듯하다.

다시 한번 강조하건대, 창조력 없는 삶을 피해야 하며, 루틴화된 삶도 피해야 한다. 에너지가 넘치기에 가외 일도 진행 중이다. 학회 활동, 재단 활동, 국책과제 준비 등등 세상은 너무나 할 일이 많고, 재미있는 일들도 있다. 제발, 어제와 오늘이 같은 삶을 살지 않게 되도록 지금 이 순간을 살기를 권고한다.

자유스러움, 기쁨의 주파수에서 당신은 최대 수혜를 입을 수 있다. 사랑과 긍정의 기운이 가득한 초고주파의 상태를 항상 유지하도록 부단히 단련하라...

"라디오의 원리를 공부할 필요가 있다."

이 명제가 주는 핵심은 라디오를 직접 조립해 보기를 권유한다. 트랜지스터, 배터리, 주파수 조절기, 메인보드 등의 어린이용 라디오를 값싸게 구입해서 조립해 보고, 주파수의 조절에 따라 라디오에서 흘러나오는 뉴스나 음악을 들어보라...

그리고 이를 인간의 정신 영역으로 끌어오기를 바란다. 우리가 바라는 인생은 다양한 시나리오가 있으며, 우리는 우리가 원하는 시나리오에 정신적 주파수를 맞추면 된다. 여기서 상반되거나 충돌되는 시나리오를 연상할 경우 주파수가 고정될 리 없음은 자명한 일이다.

일관된 주파수, 고도의 집중을 통한 고주파수의 영역이 일반 사람들이 도달하기 어려운 영역이며, 그 영역에 도달하기 위해서는 절대선의 정신적 영역에 도달해야만 한다. 가식과 망상만으로는 절대 도달할 수 없으며, 이 부분은 본인이 진심으로 구하고 간구해야 한다.

그러다 보면, 가장 최고의 주파수 영역은 사랑과 헌신임을 스스로 느끼게 될 것이다. 예수님이나 부처님을 생각하면 답이 바로 풀릴 것이다. 그러한 영역에 도달하는 데에 거부감이 든다면 일상의 희로애락, 감사, 사랑과 헌신의 영역으로 다시 겸손하게 한 단계씩 전진하면 될 것이다.

일상의 무료함, 에고는 호락호락하지 않음을 명심하라. 영점장의 영역에 늘 머무른다는 것은 이미 신이 되었다는 얘기가 되며, 거의 대부분의 인간이 늘상 영점장을 경험하기란 쉽지 않다. 따라서 한시적 영점장을 경험한다고 해도, 좌/우의 편중에 의거하여 다시 반복되기를 수없이 진행하게 될 것이다. 다만, 이러한 정신적 수련의 영역은 그 반복 횟수가 증가되게 되는 것이며, 그러한 경지에 다다를 경우 영점장의 접촉 횟수가 많아지게 되고 종국적으로 영혼의 성장이 시나브로 이루어지게 되는 과정이라 생각하면 된다.

매일 매일을 새롭게 창조하도록 혼신의 노력을 다하라... 기쁘고 즐겁게 살아라. 항상 겸손하도록 노력하라. 결국 당신은 이기게 될 것이다.

4-8
육체와 영의 싸이클에 대해

사람에게는 신체 주기가 있다. 소위 컨디션이라고 얘기하는 육체적 상태와 정신적 영역으로 이원 분리가 가능한데... 이를 극복하기 위한 방법은 무엇일까? 역시 긍정의 자세로서 그나마 간격 차를 최소화할 수 있다고 본다. 인간은 자연의 위대한 창조물이자 결정권자이다.

그러므로, "나는 오늘 인생 최고의 버전이 되어가고 있다"고 선언하고 감사하게 되면, 이의 저주기 리듬이 그나마 회복되어질 수 있다. 그렇다고 100% 컨디션으로 회복하는 것은 아니라고 판단된다. 과거 2022년 10월 5일은 나의 아침 기상부터 신체적, 정신적 리듬이 최저치에 도달한 날이다. 나는 명상을 수행하고 자기 확언도 심어 하루를 관찰하고자 한다. "나는 오늘 긍정의 마인드로 더욱 나아지고 있다는 믿음으로 하루를 살아가겠다"라고 다짐을 하였다.

　고주기 리듬을 어떻게 유지하여야 할까? 오늘 하루의 실험은... 기존 사이클과 다른 행동을 해보았다. 예를 들어, 몇 년째 생각 속으로 구상만 하던 "메타버스/미러월드 연구과제"의 연구계획서를 작성하였고, Unity 엔진 기반 개발자를 구하는 싸이트를 찾아가 회원가입을 하고, 신청을 하였다. 일상의 싸이클 범주 내에 없던 일을 행할 경우, 저주기 리듬을 극복할 수 있음을 증명하였다.

　"새로움"으로 무장해야 한다. 혁신적이고, 창의적이고, 이전 패턴의 일상과는 다른 업무를 수행해 보라... 고주기일 때는 디테일한 업무를, 저주기일 때는 신선한 업무를 새로이 해보는 것도 이러한 리듬 주기를 극복하는 데 있어 큰 도움이 될 것이다.

4-9
감동의 생리학적 이해

"감동"이란 단어에 대해 그 근원을 깊이 생각해 볼 필요가 있다. 이 부분은 특정 작가의 글 내용을 인용하는 게 어떨까 한다. 역사적 시대 상황을 가정으로 하고, 그에 따른 감동을 단계별로 아래와 같이 고민해 본다.

(1) 1단계
위대한 예술의 시대인 고대 그리스 시대라고 생각해 본다.

(2) 2단계
"질료와 형상의 구분"이라는 도구 생산의 개념이 예술 생산의 영역으로 확대되었다.

(3) 3단계

근대의 시작으로서 예술은 절대자를 재현하는 기능을 상실하고, 개인주의적인 관계로 규정된 취미가 모든 존재자의 척도가 되었다.

(4) 4단계

철학적 미학의 정점인 독일 고전 철학의 시대다. 예술의 종말을 충분히 사유할 수 있는 능력이 중시되었다.

(5) 5단계

19세기 리하르트 바그너는 예술의 필연성을 돌려놓으려 했으나, 결국 무의 상태로 해체되었다.

(6) 6단계

생리-전기적 반응 및 신경 현상으로서의 정서적 도취 개념을 통해 미학이 생리학으로 변화했다. 이로 인해 미학적인 전개 과정은 종료된다.

4-10
부의 창출 원리에 대해

가난한 자는 제도권 안에서만 생각을 하고, 부유한 자는 제도권 밖 영역, 창조의 극대화를 통해 부를 신규 창출한다. 부자의 경우도 거부와 졸부로 나뉘게 되는데, 졸부의 경우는 공공성이 결여된 사회적 상황에 의거하여 발생이 가능하나, 거부의 경우에는 장기간에 걸쳐, 공공성을 근간으로 부를 창출하였기 때문에 특정 난관에도 이를 극복이 가능하다.

거부는 다양한 아이템을 가지고 시도한다. 많은 실패와 시련을 겪어도 그들이 성공하는 이유는 결코 포기하지 않기 때문이다. 사회적 상황에 의해 끝까지 도달하는 사람은 전체 인구의 10%가 되지 않는다. 자기 자신을 복기하며, 신념과 끈기와 좌절하지 않는 용기를 항시 정비하고 있는지에 대한 명상이 필요하다.

이 글 전체적으로, 당신이 신이며, 창조적인 권능을 부여받은 이상적인 개체라고 명명하였다. 부의 밸브를 틀고 방향과 주파수를 맞추어 공공의 이익에 적합한 방향으로 송신할 때 그 부의 창출의 가능성은 가히 폭발적이다.

우물쭈물하거나, 역명상을 하여 주파수를 분산시키거나, 부정의 느낌으로 무언가 너무 바랄 때, 당연히 부의 반대 현상이 찾아올 것이다. 지금 이 순간이 행복이며, 최고의 시간이며, 최대의 부를 갖춘다는 사실을 직시할 때 소위 물질적 부의 창출이라고 하는 부분은 반드시 따라오게 되어 있다.

명상론자의 입장에서, 물질적 부의 가치는 하위 레벨이기에, 큰 의미가 없지만, 그래도 없는 것보다 있는 것이 이롭지 아니한가? 그것을 이용해 단시간적이나마 타인에게 베푸는 것도 의미는 있기에 부의 창출 원리에 대해서 곰곰이 생각을 해볼 필요가 있다. 철강왕 카네기, 에디슨, 워런 버핏… 이병철… 정주영… 이건희… 거부의 삶은 아웃사이더였고, 실패를 수반한 절정의 연극이기도 하였다.

내 주변의 지인 중, 실질적 수천억대 자산가의 얘기를 하도록 하겠다. 그의 일과는 겉으로는 매우 자유스러운 듯하나, 주말 스케줄까지 빡빡한 일정으로 채워져 있다. 이는 단순히 생각해 보면 그 이유를 알 수 있다. 그의 씨드 머니가 부모님으로부터 상속받은 것에서 기인했다고 해도, 그는 단 몇 년 만에 그 자산을 4배나 불렸다. 부동산, 그림, 기타 컨설팅 등등, 본업 외에도 그가 하고 있는 일은 일상의 회사원 혹은 단일 종목의 자영업자와는 결코 비교되지 않는다. 마치 1인 10역의 역할을 한다고 할까? 또한 그가 잠자고 있는 시간에도 그의 주식은 이익을 가져다주고, 그의 예금은 이자를 불려주며, 그의 자산은 값어치가 상승 중이다.

이러니 부자의 상황은 우리네 일반적 인생과는 다르다. 그 근원적 출발이 다른 것인가? 예를 들어 당신에게 1억이 있다면 2년 만에 4억으로 불릴 자신이 있는가? 끈기, 열정, 포기란 없다는 신념이 작용해야 한다.

스스로에게 진실하되, 부지런하고, 성실하고, 열정적이고, 계획적이며, 실행 가능하여야 한다. 생각지 못한 변수에 대한 대응은 유연해야 한다. 그러기 위해서 다양한 돌발변수 이미지에 대한 case study가 필요하다. 우리는 모두 신의 자녀이며, 잠재력과 창조성은 무한하다. 절대 반지를 얻으려면 그에 상응하는 노력을 하여야 하고...

4-11
잠재의식의 힘

잠재의식과 관련하여서는 다양한 이론 및 명상 연구들이 존재한다. 그중에 공통적으로 언급되고 회자되는 부분만을 정리해 보면 아래와 같다.

(1) 잠재의식은 언제나 생명을 향해 움직인다. 그러므로 현재의식에만 집중하면 된다. 진실이라고 믿는 전제를 잠재의식에 채워라. 잠재의식은 마음의 습관적인 패턴을 재현한다.

(2) 믿는 대상이 진짜건 가짜건 결과를 얻을 것이다. 잠재의식은 마음속 생각에 반응한다.

(3) 잠재의식에 새로운 청사진을 그려 새로운 나로 거듭날 수 있다.

(4) 명확한 계획을 세워 잠재의식의 요구를 충족하고 소망을

이룰 수 있게 하자.

(5) 무슨 일이 있어도 "나는 못해"라고 말하지 마라. 그 대신 "나는 잠재의식의 힘으로 뭐든지 할 수 있다"라고 말함으로써, 해내지 못하리라는 두려움을 극복하라.

(6) 모든 질병은 마음에서 비롯된다. 정신적인 사고 패턴이 몸의 병을 만들어 낸다.

(7) 나를 치유하는 것이 무엇인지 알아보자. 잠재의식에 올바른 지시를 내리면 마음과 몸이 치유되리라는 것을 깨달아야 한다.

(8) 마음의 건설자가 되어 이미 검증된 기술을 활용해 더 의미 있고 더 멋진 인생이라는 건물을 지어보자.

(9) 사랑하는 사람이 병으로 고통받고 있다면, 그를 위해 기도할 때 우선 마음을 차분히 하라. 사랑하는 사람이 건강하고 활력이 넘치며 완벽한 상태에 있다고 생각하면 상대방은 우주의 주관적인 마음을 통해 그 생각을 느낄 수 있고, 이는 곧 마음에 나타난다.

(10) 자연의 힘은 언제나 선하므로 마음도 악하지 않다. 중요한 건 자연의 힘을 어떻게 사용하느냐다. 마음으로 모든 사람을 축복하고 치유하며 영감을 주어라.

(11) 마음이 편안한 상태에서 아이디어를 받아들이면 잠재의식이 작용해 아이디어를 실현한다.

4-12
운명을 바꾸는 법

정공법사 요범선생의 「운명을 바꾸는 법」이라는 책을 보면, 인간의 운명은 정해져 있으나, 성심을 다하여 청정심을 세울 수 있다면 능히 그 운명을 바꿀 수 있다고 진언하고 있다. 따라서, 정공법사 요범선생의 핵심은 (1) 부끄러움을 알아야 하고, (2) 이를 수용하여 자기성찰의 기회로 삼고, (3) 겸손하게 선행을 수행하게 된다면 원을 새김으로써 운명을 바꿀 수 있다고 얘기하고 있다.

아울러, 지난날 나의 유체이탈이라던가, 깨달았다고 자만했던 과거의 생활들을 지금 이 시점에서 돌이켜 봤을 때, 그러한 깨달음 및 명상이 향기가 점점 강해지고, 빈도수가 증가되면서 아라한, 보살, 석가모니의 경지에 도달하는 것으로 현실에서 판단이 가능하다.

우리는 현재 단 일각의 생각만으로 미래 500년 및 과거 500년을 예단할 수 없다. 그러한 경지는 석가모니나 예수께서 다다른 경지이므로 우리가 그분들의 경지에 이르지 못하는 것은 자명한 일이다. 다만, 그 마스터 선각자분들을 닮으려고 노력한다면 이는 분체로서 자기 수행을 통해 충분히 도달 가능한 경지라고 본다. 이러한 경지에 근접할 때쯤 세상사 부귀, 명예, 권력이 무슨 소용이 있겠는가?

다만, 이러한 현실과 다양한 장고의 시간에 걸친 현현의 삶은 허무주의가 아닌, 더더욱 디테일하고 실재적인 삶이 되어야 한다는 얘기가 될 것이다. 결국, 오늘 하루는 인생의 최대 하루로 만들어가는 노력, 그러한 진심이 청정심으로 바뀌게 된다면 내일 및 미래의 삶도 그러한 삶을 누릴 수 있으리라 예견되어지는 구간이다.

그대들이여~ 지금 이 순간을 최대한 선명하고, 명확한 목표의식으로써 행복하고, 열정적이고, 긍정과 감사의 마음으로 살아가기 바란다.

4-13
당부의 말

「그리스도의 편지」란 책을 통해 인용하고자 한다.

자기만의 영적 동기를 세워서 꼭 붙들고, 아무도 그 동기를 훼방하고 침식하지 못하게 하라.
이전의 인식을 확고히 붙들라.
의심이 지배할 때는 긍정적인 생각을 나침반 삼아 항해하라.
이전에 너희 의식의 진동 주파수가 높았을 때 받았던 영적 인도를 붙들고 깨달음의 확언을 이용하라.
의지력을 발휘하여 영적 진실의 '금괴'가 담긴 확언을 택하여 높은 의식 차원으로 다시금 돌아가라.
정신적인 게으름으로 영적 의식 에너지의 밀물과 썰물에 자신을 완전히 내맡김으로써 영적인 '시소'가 되어버리지 말라.
(그리스도의 편지 중 일부 발췌, 정신세계사, 2023)

제5부

미래 일기를 써라

겸손한 마음으로 내려놓은 상태에서
날마다 새로운 영화의 주인공이 되어 보길 권고한다

5-1
인생의 소중한 하루를
어떻게 보낼 것인가?

가장 일반적이면서도 가장 중요한 명제라 할 수 있다. 물질세계에서 인간의 삶은 유한하고 영적 세계에서의 영혼의 삶은 무한하다. 물질세계의 인생의 하루는 개개인 각자가 자유의지에 의해 창조해 나가는 경과이다. 즉, 하루하루 새롭게 창조하고 도전하라고 애기하고 싶다. 그 가운데 사랑의 실천을 통해 영혼을 성숙시킬 수 있다면 더욱 좋다.

봉사활동도 해보고, 집 안에 콕 박혀 있기보다는 정치 활동을 하던지, 여러 개의 직업을 갖던지, 운동을 하던지, 유흥을 즐기는 것도 권고한다. 다만, 동일 패턴의 활동을 반복하지 않기를 권고한다.

내려놓은 상태에서의 창조스러움... 이해되기 어려운 말이겠지만... 겸손한 마음으로 내려놓은 상태에서 날마다 새로운 영화의 주인공이 되어 보길 권고한다. 물질세계의 고통은 시각차일 수 있다. 내려놓음과 자기 자신을 돌이켜 봄으로써 이를 극복이 가능하고 천국으로 만들 수 있다. 예수님과 부처님... 소크라테스... 헬렌 켈러... 아웃사이더에서 마스터가 된 사례는 무수히 많다.

5-2
금전적 부에 대한 미래 일기

부를 구체화하고 감정을 느끼되, 신념과 반복적인 마인드 컨트롤이 필요하다고 얘기하였는데, 오늘은 여기에서 좀 더 확장하고자 한다. 우리가 투 잡, 쓰리 잡을 뛴다고 할 때, 나 같은 직장인의 입장에서는 여러모로 제약사항이 올 수밖에 없다. 따라서 대부분의 사람이 그러하듯이 주식투자, 부동산 투자, 어떤 무인기 점포 등의 유형 외에 엔젤투자, 간접투자 방식, 혹은 주말 알바, 컨설팅, 자문, 겸직 벤처회사 설립 등이 내세울 수 있는 대부분인 것 같다.

일개 직장인이 할 수 있는 한계는 여기 정도이고, 그렇다면 시스템을 만들어야 한다. 순환시스템을 구축하려면 Input과 Output의 명확한 value chain을 만들어야 한다. 사례를 들어보면서 좁혀가 보자.

(1) 시설물 유지관리업을 하는 A씨는 법인사업자등록을 가지고 있으면서, 공기업의 하청 보수공사를 낙찰받아서 연 공사를 수행하고 있다. 공기업과 설계변경, 보수계획 등을 사전에 합의하여 차년도에 관련 공사를 납품받아 수행하는 형식이다. 여기에 특허 및 신기술 관련 spec을 넣어서 경쟁사를 최소화하게 되나, 공기업의 특성상 일정 주기에 따른 담당자의 변경 및 보직 이동 등으로 인해 매년마다 영업에 대한 스트레스가 반복되고 있다.

→ 이 경우 보수 관련 사전 설계변경 및 특허 공법 제안(A씨) → Input(공기업) → Output(A씨)

(2) 중소기업 소규모 PC를 제조하거나 R&D 과제 수행을 주업으로 하는 B씨의 경우를 보자.

→ 지인 네트워크 영업(B씨) → target 회사 및 고객사 연계 및 발주 → 소규모 PC 제작 후 납품/시공(B씨)

(3) 콘크리트 실험 용역 업체 대표 C씨의 경우를 보자.

→ K라는 준공기업 고정처 확보(지인 네트워크) → 실험체 제작 계획 작성(C씨) → 준공기업 제안 및 수정 및 예산 → 실험체 납품, 보고서 납품(C씨)

(4) 요트/선박 제조 및 납품업을 하는 D씨의 경우를 보자.

→ 국방부 및 방산업체 네트워크 확보/관리(D씨) → 요트/선박 발주 → 해당 선박 납품(D씨)

(5) 대형 금융사에 부장으로 재직 중인 E씨(금융 PF 본업 외에...)
→ 수도권 물류 공장 및 산단 계획 예정지 부지 계획/제안(E씨) → 소규모 PF단 구성 및 투자(E씨 포함) → 할당 이익제(E씨)

소결로써, 위의 몇 가지 사례에서, Input과 Output 모두 당사자의 몫이다. 이는 어떠한 업종이던지 큰 변화는 없어 보인다. 즉, 무언가를 제안하고 그들에게 승인을 받고 예산을 받는 것... R&D 과제 수행과 별반 다를 게 없다. 그게 건설이던, 정유화학이던, 원자력이던...

이제 명상의 시간이다. 당신이 제안하고, 생각하고, 느끼고, 기쁘고, 행복하고, 웃음 지을 수 있는 아이템은 무엇인가? 상상의 나래를 펼치기 바란다.

5-3
늘 깨어 있기 위한 철저한 몸부림에 대한 단상

그 기저 심리에는 우리의 건강도 깊게 관여하고 있다. 「나는 질병 없이 살기로 했다」의 저자 하비 다이아몬드에 따르면, (1) 특정 트리거가 필요하며, (2) 이에 따른 이행이 필요하다.

각종 다이어트식, 운동, 병원치료 및 비용 지불이 우리 대부분이 물질 세상에서 겪는 일상의 반복이다. 해당 저자는 질병 진행의 단계를 (1) 무기력증, (2) 독혈증, (3) 과민증상, (4) 염증, (5) 궤양, (6) 경화증, (7) 암의 단계로 구분하였으며, 자연위생학에 따른 질병 치료를 근원적 탈출법으로 정의하였다. 즉, 발생 치료가 아닌 예방 의학으로써의 자연위생학을 주장한 것인데, 매우 설득력이 있어 보인다.

즉, 늘 깨어 있으려면 에너지가 필요하다. 이 에너지는 물적 및 영적 에너지를 필요로 하는데, 각각은 서로 독립적이면서도 상호

의존적이라는 게 모순되면서도 아이러니한 내 주장이다. 물론, 고도의 통찰력을 지닌 마스터에게는 이러한 사항이 각기 달리 분리될 수도 있겠으나, 대부분의 사람들에게 이 둘은 불가분의 연결 관계가 될 수밖에 없다.

우리가 물질 세상을 영위하기 위한, 너무나 당연한 기본 가정은 바로 건강이다. 그럼에도 불구하고 다양한 식습관, 약품 치료, 그 외 환경 하중의 영향으로 인해 우리는 노출되어 있으며, 또한 습관화되어지고 있다.

결과에 대해서 차치하고, 건강한 삶을 영위하기 위한 프레임을 구상해야 한다. 우선 몸의 독소를 빼기 위하여, 술, 담배, 과식 등의 음식 섭취는 자제해야 한다. 림프구로 정의되는 조절기를 정상으로 돌려야 각종 질병의 원인은 처치할 수 있다.

당신은 그러한 준비가 되어 있는가? 준비가 안 되어 있다면 강력한 트리거를 준비해라. 기존 다이어트, 기존 운동은 모두 잊어라. 근원적 방법으로 다가가기를 권고한다. 당신은 결국 이길 것이다.

5-4
미래에서의 단상

글로벌 대기업 회장인 나는 청와대의 국가산업자문기구 회의에 대통령과 함께 앉아있다. 대한민국이 세계 3대 경제 강국으로써의 위치를 공고히 하고, 글로벌 산업 현장에서 그간의 철강, 소재, 에너지, 화공, 건설 기반 산업을 탈피하고 업그레이드하기 위한 자문을 나누는 자리였다.

여기서 나는 화성 이주 및 해저도시의 실현에 대해 어필하고 있으며, 기후 위기 제어 방안으로서의 safe 돔에 대한 얘기를 한다. 아울러, 양자역학이 이미 전 세계를 강타한 상황에서 대한민국이 고도의 정신적 크리에이터들을 많이 배출함으로써 전 지구의 문명 업그레이드화와 관련된 내용도 피력을 하게 된다. 아울러, UN 기후변화기구 자문위원회 수장으로서 지명되었기에 대한민국을 넘어서는 위대한 구상에 대해서도 대통령에게 피력한다.

우리의 창조력은 무한하며, 그에 따라 부의 분배 역시, 전 지구에 가능해짐을 피력하여 지배자와 피지배로 나뉘던 사회구조를 선한 영향력을 행사하는 능동자의 사회로 구현하기 위한 디테일들을 설명하고 있다. 문명 진보 5단계의 사회에서 인간의 역할은 더욱 다양해지며, 삶의 여유 또한 더욱 윤택해지게 되었다.

제6부

역노력의 법칙
(실용 예)

생생한 바이브의 향연을 느끼고
현현의 삶에서 만족하기 바란다

6-1
부를 원하는 것이 아닌
부가 이루어진 상황에서의 명상

앞서, 행복한 삶을 위해 우리는 현실의식이 아닌 잠재의식을 전환 및 발전시켜야 하며, 그 과정에서 우리가 원하는 모습을 기쁘고 행복하게 상상해야 한다고 제언하였다. 그러나 여기에서 우리가 원하는 모습에 대해 나 역시 그리고 많은 다른 이들이 놓치는 부분이 있다.

그중 우리 모두의 공감대를 형성하고 있는 사항 중 하나가 모두 부자가 되는 일일 것이다. 실상 세계의 부는 무한하다. 한정되어 있어서 누군가의 것을 뺏어 오는 것이 아니다. 우선 이 명제를 가슴에 새겨야 한다. 그리고 상상을 해보자.

나는 10조 현금 자산가이다. 나는 글로벌 대기업의 CEO를 성공적으로 마무리하고 현재 글로벌 명상센터의 이사장을 역임하고 있다. 1년의 절반 이상을 캐나다의 대저택/명상센터 숲에 있는 화

려한 통나무 건물에서 숲속 피톤치드의 맑은 바람을 직접 맞이하면서 아침 명상을 수행하고 있다. 단전에서부터 송과체까지 긍정의 호흡을 쭉 빼어내면서 '호오포노포노 감사합니다'를 외치며, 지금 이 순간이 가장 행복한 순간임을 다시 한번 되새기고 있다.

이 책 「미래 일기를 써라」가 글로벌 베스트셀러가 되면서, 관련 SNS 및 강연 요청이 쇄도하고 있다. 아울러, 봉사/명상 자선단체인 "The M"에서 미개발 국가의 해저/해상 도시 리빌딩 추진 PJT 및 관련 스마트시티 개발에 각국의 지도자들이 사업투자 및 자문역으로 초청을 요청받고 있다. 이미 현역에서 떠났기에 거듭 사양을 하고 있고, 명상센터에만 전념을 하고 싶다고 회신하고 있으나 이 역시 녹록지 않은 것도 현실이다.

국내 1위 및 글로벌 부자 대열에 이미 들어섰기에 더 이상 물질적 부의 축적을 원하지는 않는다. 그럼에도 불구하고 일하는 것을 즐기므로 우주 건설, 해상도시/해저도시 건설 컨설팅, 작가, 콜렉트 수집가, 해외 부동산, 주식 투자자, 비트코인 투자자/설립자, 레저낚시 플랫폼 CEO, 친환경 건설 건자재 플랫폼 CEO, 국내외 리조트/골프장 오너, 명상 강연자, 탄소 중립 강연자 등등의 바쁜 스케줄 등도 무리 없이 소화하고 있다.

전 세계에 "The M" 명상센터를 건립하면서 지구촌 사람들에게 평화와 행복을 설정해 주는 게 인생 최대의 목표이므로 나날이 상향 모드로 정열적으로 살아가고 있다. 내가 가진 모든 것이 나의 것이면서 태초의 창조주에게서 온 것이므로 나의 사후에 모두 귀의된다는 것을 명심하고 있기에, 단지 이 순간이 즐겁고, 행복한 상황임만을 느끼면서 하루하루 살아가고 있다.

6-2
부부관계의 화해가 아닌
행복한 부부 생활에서의 명상

와이프도 대학교수직을 정년퇴직하여 함께 글로벌 명상센터 확장에 함께 일을 하고 있다. 원래 보건복지학을 전공하였고, 노인요양보험 관련 전공을 가졌기에 요즈음은 나보다 더 열성적으로 각종 글로벌 명상센터 관련 업무를 진두지휘하고 있다.

예전, 우리가 30~60초반대에는 각자의 영역에서 서로의 업무에 대해 인정하면서 육아 문제에 대해서만 주로 얘기하여서, 부부간의 긴밀한 대화를 할 시간이 별로 없었으나, 원업에서 퇴직을 하고 난 요즘이 사실 더욱 많은 대화를 수행하고 있다. 종교문제에서, 나라와 글로벌 지구촌의 번영과 평화에 대한 얘기까지…

말수 없던 아내에서 지금은 말 많은 아내로 완전히 변모하였다. 특히, 국내의 인천 1호점, 서울 2호점, 제주 3호점, 원주 4호점, 부산 5호점, 여수 6호점, 삼척 7호점을 온라인으로 관리하고, 캐나다 8호점, 뉴질랜드 9호점, 영국 10호점, 미국 11호점, 칠레 12호점, 호주 13호점, 베트남 14호점, 홍콩 15호점, 말레이시아 16호점, 프랑스 17호점, 스위스 18호점, 중국 19호점, 몽골 20호점, 러시아 21호점을 런칭하면서 사회복지를 본인이 주도하는 데서 더욱 큰 보람과 가치를 배가시키고 있는 요즘이다.

전 세계에서 사회 기부가 줄을 잇고 있고, "The M" 재단에서도 미개발 국가로의 원조/교육/재건설 관련 투자 자금을 지속 지원하고 있어서 더욱 뿌듯하다. 각국의 지도자들도 적극적으로 사회사업에 관심을 가지고 돕기 때문에, 하루의 일과를 나와 공유하고 이를 위해 더 나은 방향으로 토론 개선하는 데에 주요 화제가 되고 있다.

6-3
가족과의 행복 및 즐거움 명상

외동딸 새싹이가 최근 노벨상을 수상하여서 오히려 우리 부부보다 더 바쁜 삶을 보내고 있다. 어릴 때에는 책을 별로 안 읽더니, 13세를 전후하여 독서가의 면모를 보이고, 이후 역사, 세계사 및 철학, 종교서적을 독파하더니 지금은 새로운 영역으로 굴지의 대학자가 되었다. 본래 상상력이 풍부했었고, 뭘 하든 용기를 북돋워 줬기 때문에 스스로 창조자이자 개척자로서 자신의 영역을 확장/보급해 나가고 있다. 전 세계에 명상센터가 설치되어 있기 때문에 가족 휴가는 명상센터가 위치한 곳을 주기적으로 방문/관리하면서 휴가를 보내고 있다. 온 가족 모두가 절대적 진리(지금 이 순간을 살아라)를 이미 알고 있기 때문에 여타의 아쉬움이나 갈구함은 없다. 최근에는 「그리스도의 편지」에서와 같이 인간 예수님과의 마스터 레벨에서의 교우를 위한 명상 훈련에 더욱 박차를 가하고 있다.

6-4
자아발전이 아닌 지금 현재에서의 행복감과 기쁨에 대한 명상

    ○○○ E&C 및 ○○○ 홀딩스 CEO를 퇴직하면서, 사실상 물질세계의 성장과는 작별을 고했다. 글로벌 명상센터를 단계적으로 설립해가면서 각종 영적 세계를 위한 지금의 행보에 너무 감사해하며 현재를 즐기고 있다.

    아내와 함께 단계적으로 글로벌 명상센터를 늘리고 있고, 그동안의 신뢰를 형성한 지인들과도 함께 글로벌 명상센터 건립 및 Biz에 박차를 가하고 있다. 특히, 30대 후반에 요청하였던 "솔로몬의 지혜"를 요즘에 와서 그 이상으로 물려받은 느낌이라서 더더욱 현현의 기쁨을 누리고 있다.

    과거를 복기해 보면, 유아기-청소년기-대학-대학원-결혼 및 직장 시기-승진 및 CEO 진입-명상센터 설립의 60여 년 인생 동안 희로애락을 거치면서 무난하게 삶을 영위해 왔던 것도 사실이고, 이 또한 너무 감사한 일로써, 오늘에 이르게 되었음에 진심으로 행복하고 기쁘기 그지없다.

인생을 살면서 최종 종착 소감은 "지금 이 순간을 살아라"임에 강력한 확신을 가지고 있다. 다만, 그 순간 순간을 생생하게 현현의 기쁨을 가지고 살라는 것이다. 천국은 우리의 마음 안에 있으며, 작금의 현실이 고통이라도 이 순간을 넘어서면, 그것은 소소한 추억이자 귀중한 경험으로 다져지게 되는 것이다.

6-5
회사 업무 혹은 개인사업에서의 행복함에 명상

    한 인간이 누릴 수 있는... 선물로 받아서 지구촌에 왔던 개인의 인생을 다변화하면서 살기에는 분명히 한계가 있다. 그를 위해서 독서, 간접 경험을 통해 인생을 미리 살펴보고, 직접 그 삶에 뛰어들어 경험하면서 우리는 인생을 영위하는 것이다. 성공한 삶도, 실패한 삶도 우리가 이전에 계획했던 삶의 일부라 여기면 극복이 가능함을 진작에 깨닫게 되었다.

    회사 업무라 해서 별다른 것은 없다. 30 초반에 ○○○ E&C에 들어와서 각종 신기술을 개발하고 건설현장에 적용해 보면서 나름의 전문성을 인정받아서, 대리-과장-차장-부장을 경험하였고, R&D 센터장, 신사업본부장, CEO 및 ○○○ 홀딩스 회장 등을 모두 경험하였다. 많다면 많고 적다면 적은 인생 60년이었다.

    이후의 삶은 인생 2막의 단계로써 글로벌 명상센터 설립을 위해 국내 인천 1호점을 시작으로 하여 100호점으로 전 세계적으로 센터 건립을 완료하였고, 각국의 지도자들과 공감대를 같이하고 협업도 같이하고 있다.

부는 무한했고, 기쁨도 무한했다. 감사의 마음은 기폭제가 되었으며, 사람과 사람 사이의 연결과 물질세계의 한계와 영적 세계로의 버전 업은 필생의 업이자 카르마였으니, 이만하면 성공한 인생이 아니었나 자문자답을 해본다.

6-6
이 나라와 지구촌의 행복에 대한 명상

    나이가 60이 넘어가면서, 이성과 감정과 에고와의 이 희한한 동행에 대해 다시금 생각을 해본다. 항상 물질세계에는 이성과 에고가 경합하고 있었고, 끊임없는 결정과 실행이 반복되는 삶을 살았다. 개중에는 바람직하지 못한 일상도 있었고, 탁월한 결정도 있었던 것으로 회자된다. 어쨌거나, 지금 나는 개인-사회-국가-지구촌에 걸쳐서 과거-현재-미래가 모두 연결되어 있음을 확언한다.

    미래 일기에서 과거 일기를 모두 통찰해 볼 때, 인간은 창조자이며, 조물주로부터 권능을 부여받은 존재이다. 우리가 생각하고 실행하고 감사하고 행복해하는 모든 일들이 우리의 의식에서 시작된다. 생생한 바이브의 향연을 느끼고 현현의 삶에서 만족하기 바란다. 바로 그것이 인간이 존재하고 이 세상에서 살아가는 이유에는 두말할 나위가 없다.

제7부

고주파수의 생동감을 가지는 방법

실행을 함에 있어서는 단호하게
그 길을 확언하면서 의연하게 펼쳐 나가라

7-1

잠재의식의 시간을 활용하기

고주파수의 생동감을 가지기 위한 방법으로써 잠자기 전의 습관에 대해 얘기하고자 한다. 우리 몸의 에너지 상태는 일정 사이클을 가지고 있으며, 고/저 형태로 진행이 되는 것으로 판단된다. 어떤 날은 굉장한 에너지가 발생되어 다가오는 날이 있고, 어떤 날은 별다른 일이 없었음에도 굉장히 힘든 에너지 상태를 경험한 날이 있었을 것이다.

여기서, 얘기하고자 하는 것은 기운의 흐름이 강한 날이 아닌, 기운의 흐름이 약한 날을 일정 수준 이상으로 끌어올릴 수 있고, 그 최저치를 높여보자는 이야기다.

잠을 잘 때, 최대한 기분 좋은 상상이나 생각이나 미래를 느끼며 잠을 자는 연습을 하도록 한다. 이때 나는 창조자이며, 행복 전파자이고, 기쁨 전파자이고, 사랑 전파자임을 느끼고, 그러한 느낌을 반무의식의 상태에서도 즉, 잠자기 직전까지도 유지하다가 자는 연습을 수행하도록 한다.

당연히 처음에 이 부분은 어렵게 느껴질 것이다. 그러나 잦은 연습을 통해 시행 횟수가 많아지고, 감정이 동반되게 된다면 그리 어려운 일도 아니다. 절대 일상에 굴복하거나 무감각해지면 안 된다. 이 연습을 통해, 당신은 지난 평생의 시간 동안 버려두었던 잠재의식의 시간을 활용 가능해진다. 그리고 그 믿음을 하느님께 맡기고 절대 확신하라. 절대 확신이라는 말을 사용했음에 다시 한번 상기하라.

성경에 예수께서 병든 자를 고칠 때 당연한 확신의 마음으로 병자를 고치었다. 물 위를 걸었으며, 오병이어의 기적을 보여주셨고, 십자가에서 부활하였다. 당신의 마음 깊은 곳에서 진정으로 이것을 확신하듯이, 고주파수의 영역은 인간의 일상 주파수와는 다른 영역의 차원이므로, 선하고 사랑을 최고의 가치로 추구하는 마음의 상태를 간구해야 함을 명심하기 바란다. 이 단계에 진입하려면 어차피 악인들은 부정의 기운이 강하여 진입 자체를 하기가 어렵다. 예수님의 마음을 닮기를 원하라. 진리가 당신을 자유케 한다는 말은 진실이므로 끊임없이 갈구하고 시도하라.

자기 스스로 선한 사람이 되어야 한다. 선한 척한다고 해서 되는 일도 아니고, 스스로 자기반성을 통해 자신의 과오를 반성하고 Clear 시켜야 한다. 죄지은 게 있다면 그 당사자를 위해 진심으로 기도해라. 직접 용서를 구하여 Clear 시키는 것이 더 잘한 일이 될 것이다.

모든 것을 내려놓고 양보하거나 공공 이익에 기여한 사람은, 그래서 이 경지에 오르기가 쉽다. 반대로 욕심 많고, 남의 것을 뺏거나 고통을 가한 사람은 절대 이 고주파수의 영역에 들어갈 수가 없다. 이 얼마나 아이러니한 인간 세상의 섭리인가?

인간의 삶의 목적이 무엇인지 다시 한번 생각해 보기 바란다. 희로애락의 다양한 상세한 삶을 살아보기 위해 지구별에 왔으므로 기쁨도 고통도 모두 경험하기를 이전에 계획하였던 사항이다. 과거의 시간에 부족했던 삶이 있는가? 그 빈 잔을 채우기 위해 지금 당장 시작하라. 우물쭈물하다가 시도도 못해 보고 죽는 것보다, 단시간을 경험해도 일단 움직이는 것을 지향하라. 이유를 달 필요가 없다. 주어진 상황에서 일단 움직여라. 바로 거기서부터가 시작이다.

돈이 없어서, 환경이 충족해 주지를 못해서, 못한다고 얘기하는 사람들이 대부분이다. 내가 말하지 않았는가? 각자 주어진 상황에서 실행할 수 있는 것을 일단 시작하라. 거기가 시작이다.

세상이, 너무나 할 것도 많고, 즐거움도 많고, 기쁠 거리도 많다고 느끼지 않는가? 가난하거나 어려운 이들을 돌보는 것은 사랑을 근간으로 하므로 가장 고주파수의 영역이다. 당신이 할 수 있는 범위에서 그들에게 사랑을 실천하라. 그러면 반드시 당신의 주파수 영역이 확장됨을 느낄 것이다.

　당신이 보고 있는 세상에서, 산과 들에서, 건물이나 빌딩에서, 이 세상의 공기에서, 바람에서, 비에서, 햇빛에서 창조주가 주시는 생생한 에너지를 그대로 받고 있음을... 사실은 진작에 받고 있었으나 느끼지 못하고 있었음을 다시 한번 직시하게 될 것이다.

　본문에서 얘기했듯이 일회성의 깨달음만으로 영원히 되는 것이 아님을 주지하라. 그러므로 매일 매일을 최고의 순간으로 여기고 사랑하기를 바란다. 당신은 결국 해낼 것이다.

7-2
항상 말하기

생동감을 몸소 느끼며, 항상 말할 것을 권고한다. 이 일은 현재 의식 및 잠재의식에서도 체화 및 습득 반복되도록 신념을 강화시키면서 항시 얘기를 하여야 한다. 그러다 보면 개인의 주문처럼 기본 문장이 만들어지게 될 것이다. 내 사례를 얘기하도록 하겠다.

"나는 인생 최고의 버전이 되어가고 있다. 내 몸은 날이 갈수록 건강해지고 있으며, 생생한 긍정의 기운이 항시 나를 감싸고 있다. 나는 ○○○ E&C의 사장이 2032년에 되며, 그러기 위해 내 전문 분야뿐만 아니라 경제, 경영 및 마케팅 분야의 공부를 지속적으로 개선하며 상승하고 있다. 나는 10조 자산가의 반열에 올라가며, ○○○ 홀딩스의 CEO을 거쳐 UN 환경 기후재단 자문위원장이 된다. 글로벌 명상센터 이사장이면서 전 세계에 100개의 지부를 만들어 대한민국 복지 및 지구촌의 복지 및 영성 개선 영역에 기여하고자 한다.

　개인적으로 그간 취미 사항으로 병행했던, 낚시, 건설 분야 컨설팅, 소재 분야 컨설팅을 포함하여 공적인 후진국의 개도국 상향 PJT에 주도적으로 활동을 수행한다. 나의 능력은 하느님에게서 나왔으니, 이 역시 영성세계로 가야 할 때는 전부 기부를 하고 떠날 예정이다."

　생동감 있는 감정을 실으면서 말해야 함을 다시 한번 강조한다. 바라는 것의 이미지를 연상하되, 그 이미지에 바이브를 넣어야 한다. 이 바이브를 의도적으로 넣을 때 추호의 의심도 하지 않도록, 일상의 자신의 발언 문구를 신중히 가다듬는 절차가 필요하다. 같은 말을 하더라도 부정의 기운이 묻어나는 단어, 문구, 어휘를 배제하고 긍정의 생동감 있는 말로 전환되도록 하는 데 특별히 신경을 쓰도록 한다.

　그리고 가장 중요한 것은 연속성이다. 인간의 말은 아이러니하게도 정/반/합의 모든 개념을 수용 및 조절하면서 진행하게 된다. 극단의 생각은 배제하되 긍정의 생각을 최대치로 끌어내는지 말하는 연습을 상시 연습하도록 한다.

　주의사항으로, 일상 속에 체화될 때, 어느 순간 허무주의에 빠지거나 무의 상태에 귀의하려는 반작용의 효과가 작용하게 되는 시기가 반드시 온다. 그때에는 화제를 전환하여, 또 다른 Activity를 생각하도록 한다.

7-3
항상 느끼기

항상 느낀다는 말의 의미를 다시 한번 진중히 생각해 보기 바란다. 항상 느낀다는 것은 항상 감사해하고, 항상 기뻐해하며, 항상 즐거워하려 에너지를 불어넣는 것을 말한다. 이미지에 에너지를 불어넣는다는 사념으로, 특정 기쁨의 기운에 배가하는 에너지를 추가한다는 기쁨으로, 우리의 호흡이 최고 주파수에서 안정화되고, 그러한 기운의 흐름이 내 몸을 감싸고 있고, 그로 인해 더욱 더 배가되고 있는 내 몸속 및 마음속의 치유를 직접 느껴라.

지금 이 순간을 살아가고 있음에 감사함을 느끼고, 오늘은 어제와 다른 하루를 영위하고 있음에 감사하고, 우리의 가족, 형제들에게 그들이 존재만으로 감사함을 느껴라.

내가 하는 일이 있어서 감사함을 느끼고, 내가 의식주를 해결할 수 있어서 감사하고, 내가 작지만 원대한 미래를 향해 한 단계씩 걸어가고 있음에 감사를 느껴라. 지구촌에 매일 다양한 뉴스가 제시되고 있을 터인데, 그 가운데 가난하고 어려운 이들을 위하여 항상 기도하며 그들을 위한 사랑의 주파수를 최대한 송신하라. 그 가운데서 그들에게 주의 임재하심이 함께하기를 바라고 느껴라. 내가 알고 있는 한 명 한 명에게 감사와 축복의 기도를 올리는 것도 좋은 일이다.

초/중/고등학교 친구들, 대학 동기들, 대학원 선/후배들, 직장 선후배들, 동네 선후배들, 군대 동기들, 당신이 알고 있는 한 명 한 명에 대해 감사와 축복의 기도를 시행하라. 머뭇거릴 필요는 전혀 없다. 과거를 회상하면서... 혹은 미래를 회상하면서 그들의 안부를 위해 감정을 실어 축복해 줘라. 심지어는 원수에게는 두 배로 축복을 해줘라.

7-4
미래에서 제3자적 관점으로 긍정적으로 관찰하기

　이 부분은 상당한 고난이도의 영역이라 자답을 해본다. 미래의 나의 이성을 통한 상상은 이제 쉽게 접근이 가능하다. 나는 ○○○ E&C의 대표이사를 경험하고, ○○○ 홀딩스의 회장 및 유엔 자문기구 이사회 의장을 경험하였으며, 글로벌 명상센터 100곳을 이미 전 세계에 확장하였다. 핵심은 그런 나를 제3자적 관점에서 바라봐야 한다는 점이다. 그때의 나의 얼굴에는 기쁨이 만연하였고, 나이는 들었을지언정 에너지는 오히려 더 발산되는 느낌을 가지고 있다. 사람과 사람 사이의 만남에서 희열을 느끼는 내 모습을 보고 있노라면, 스스로 대견함을 느낀다.

　아울러, 내 아내와 자식 역시도 이러한 일에 함께, 오히려 더욱 열정과 성의를 가지고 확장 진행 중에 있다. The M은 2026년 벤처 및 장학재단 성격의 회사로 출발하였다. 내가 ○○○ 홀딩스의 회장을 마무리하면서 다시 부활되었다. 2038년 The M이 178조의 글로벌 기업으로 성장하면서, 오히려 ○○○ E&C와 홀딩스를 흡수합병하는 형상이 되었다. 그리고, 이 회사는 결국 글로벌 Top3 회사로 성장해버렸다.

나는 2045년에 은퇴를 하였고, 글로벌 명상센터 건립에 집중을 하고 있다. 전 세계의 어려운 이들을 위해 기부 및 공헌을 하고 있다. The M의 기술력과 공적 자금력이 이러한 활동을 지탱하게 해준다. 아울러, 글로벌 명상센터가 소속된 각 국가 지도자들과의 협약을 통해 건설 관광지이면서 제4세대 혁신 인프라 도시 및 건축물로 널리 알려지게 되었다.

당연히, 부의 재분배와 고차원 의식으로의 진화를 위해 가난한 자와 병든 자들에게 무상의 의식주 서비스를 제공하게 된다. 상당 부분을 AI와 로봇 인력들이 대체하게 되었으며, 지구 밖 이주의 시행이 가시화되고 있다. 나는 우주로 향하고 있다.

내가 개척자의 삶을 살았던 바와 같이, 우주건설 프로젝트의 상세도 진행 중이다. 이미 2038년부터 이 프로젝트는 실제적으로 우주공간에서의 우주호텔, 우주건설 숙소사업 형태로 진행이 되어 왔었고, 우주선의 개선 확장으로 타 행성 간 이주가 가능하다고 판단된 시기이다.

우리가 지구별에 와서, 인간의 희로애락을 경험하며 자아 영혼을 성숙시키면서 현현의 삶을 느꼈듯이, 이제 우리는 타 행성으로 가서 그 행성에서 또 다른 삶을 영위하고자 한다.

우주는 무한하다. 멀티버스의 세상도 무한하다. 인간의 개체 수와 창조적 사고의 가짓수도 무한하다. 우리가 신의 분체임을 알기에 우리의 성장에는 끝이 없다. 고차원의 깨달음을 얻은 존재들이 증가하기에 우리의 문명 역시 발달하고 있다. 악인은 자취를 감출 수밖에 없으며, 선한 존재들, 즉, 상위 자아 존재들이 세상을 가이드해 가고 있다.

확실한 것은 악인들은 이 고주파수 영역에 절대 도달할 수 없다. 사랑과 자비의 영역이 최고의 주파수 영역이기에 결국 선이 승리를 한다.

2060년의 나는 글로벌 명상 마스터가 되어 있다. 그러나 여전히 부족한 존재로 스스로를 각인하고 있다. 나에겐 80여 년의 인생 자체가 축복이었고, 즐거움이었다. 그랬기에 여전히 생동감 있는 에너지를 기반으로 태양계 밖을 개척 중이다. 오늘은 또 어떤 도전이 기다리고 있을까? 매우 설레는 하루이다.

7-5
절대 확신하기

　생동감과 함께 우리가 미래 일기를 쓸 때 주요한 사항이 바로 절대 확신하기이다. 즉, 상상의 영역에만 그치는 것이 아니라 생동감을 살리되 절대 확신 및 절대 확언을 해야 한다는 점이다. 나의 2032년 계획, 2038년 계획, 2045년 계획은 나의 태생 이전에 기록되어졌으며, 여타의 소소한 변수를 제외하고는 그대로 이루어지고 있음을 확언한다.

　인생사 희로애락의 진정한 진리를 탐구하고 생경감 있는 세세부의 디테일들을 몸소 경험하면서 나의 기억 및 추억 저장소에 모두 기록을 해 놓았다. 이 한 번뿐인 인생에 허비할 시간이 어디 있으며, 망설일 시간이 어디 있겠는가? 성공도 실패도 모두 당신의 경험 자산이 될 것이다. 아무것도 하지 않는다는 것은 무의미한 삶이다.

일단 시작하라. 그리고 성공을 확언하라. 실패한다 하더라도 그것은 후일의 성공을 위한 자양분이 될 것임을 확신하라. 고통 없는 열매는 절대 달지 않으며, 슬픔 없는 기쁨도 그 정도의 측면에서 강력할 수가 없다. 그러니 부디 시작하라. 과정을 즐겨라.

당신은 신이면서 창조자이다. 당신이 선택하는 바로 그 길이 성공이며, 진리이며, 경험의 길이다. 그리고 실행을 함에 있어서는 단호하게 그 길을 확언하면서 의연하게 펼쳐 나가라.

7-6
자신이 좋아하는 취미를 통해 극대화해 보기

　　인간은 감정과 경험의 동물이며, 그러한 감정과 경험들이 반복되게 되면 그 강렬했던 인상의 기억은 시간의 경과에 따라 흐려지게 된다. 즉, 우리에게 주파수로써 인식되게 되고 고주파수로 기억이 오랫동안 유지, 잔존하기 위해서는 그만큼의 긍정적이고 선명하고 감정을 업싸이클링할 새로움을 요구하게 된다.

　　일 예를 들어 설명하고자 한다. 2024년 6월 중순경, 나는 내가 속한 성당 모임 멤버들과 무인도 낚시 여행을 오랜만에 계획하고 준비하게 되었다. 그간 코로나 및 타 운동 활동 등으로 약 3~4년 만에 가게 된 상황이었고, 총무로서 전 행사를 준비하다 보니 그 준비하는 시간이 축복이었다.

　　낚시는 내가 좋아하는 취미였으나, 여러 사유로 인해 한동안 하지 못하다가, 간만에 준비를 하게 됨으로써, 또 특정 지인들과 함께 준비하게 되면서, 감정의 고양이 일어나게 되었다. 왜냐하면 나랑 같이 낚시를 가는 지인들 대부분이 낚시 초보였기 때문에, 간편 낚싯대의 준비, 채비 준비, 숙박 준비, 식사 준비, 차량 준비 등등 종합적으로 계획하게 되었고, 그 과정 중에 디테일들까지 생각하는 과정, 바로 그 과정이 높은 주파수의 영역을 경험했다고 설명하고 싶다.

이 과정들은 시간이 가는 줄 모르는 과정이었으며, 상상의 시간이었으며, 즐거움과 기쁨의 연상 시간이었다. 이 과정 중에 대물이 잡히거나 지인들과 웃음 지으며 소통하거나, 캠프파이어를 하는 등의 행복한 상상이 자연히 펼쳐졌다. (2024년 12월 후일의 기록이지만 이때 당시 우리는 약 100마리의 물고기를 잡았고, 선상 회를 먹었으며, 즐거운 추억을 경험하였다.)

이 부분을 기존의 억지 상상과 비교해 볼 필요가 있다. 생동감을 가지되 자연스럽게 연이은 상상이 이루어지게 되면 무념/무상의 상태와 유사하게 소위 우리 머릿속의 영상이 시나브로 흘러감을 느끼게 된다. 바로 이 지점임을 명심할 필요가 있다.

우리의 잠재의식을 활용하는 것은 억지로 해서 되는 일은 아니고, 자연스럽게 긍정과 기쁨과 감사의 느낌이 생동감을 가지고 스며들거나 활동하도록 개선 노력을 해야 한다. 이러한 경험을 공유하고 있는 지금도 너무 감사함을 느낀다.

에필로그

 2025년 1월에 이르러, 많은 깨달음에 대한 영적 도서 및 유튜브들이 그야말로 본격적으로 수면으로 떠오르는 느낌이다. 매우 고무적인 현상이라 할 수 있다. 그중에는 나이와 상관없이 이미 많은 부분에 대해 고찰 및 깨달음을 얻으신 분들도 있어 보이고, 또한 은연중에 표출되어 알려지게 된 분들도 많은 듯하다.
 경위야 어찌 됐건, 이제 전 인류가 바야흐로 각성의 시대에 도달했다고 생각된다. 좌/우 극단으로 치닫는 정치체계, 부의 편중화, 이념의 대립 등이 가히 폭발 직전의 단계에 봉착한 듯하며, 세계 경제/외교는 또 어떠한가? 가파른 물가 상승뿐만 아니라, 모든 것이 혼돈의 세상에 직면해 있어 보인다.
 불안감을 조성하자는 것은 아니다. 왜냐하면 이러한 세상의 흐름을 전체적인 관점에서 본다면, 깨달음과 전 인류로의 확장을 위해 그 극한치가 더욱 가속화될 숙명적인 운명이기 때문이다. 그러나 칠흑 같은 어둠 속에도 한 줄기 빛이 존재하며, 멸망의 시기에도 한 줌 새싹은 의연하게 차오를 준비를 하고 있다.

    깨달음이 그리 어려운 일이 아니다. 다만 이를 지속하는 것이 우리네 인생인 것을 아는 순간 당신은 진정한 자유를 느끼게 될 것임을 확신한다. 이 책이 누군가에게 깨달음을 위한, 단초가 되기를 진심으로 기대해 본다.

2025년 9월

지은이 **캐나다대저택**

참고문헌

- 이하영, 「더 바이브」, 미다스북스 (2023)
- 하와이 대저택, 「더 마인드」 (2023)
- 나폴레온 힐, 「당신은 결국 이기게 될 것이다」, 흐름출판 (2022)
- 정공법사, 「운명을 바꾸는 법」, 불광출판사 (2006)
- 이균형 옮김, 「그리스도의 편지」, 정신세계사 (2023)
- 완비, 「완비영성록」, 보민출판사 (2025)
- 하비 다이아몬드, 「나는 질병 없이 살기로 했다」, 사이몬북스 (2017)
- 조 디스펜자, 「당신도 초자연적이 될 수 있다」, 교보문고 (2019)
- 조 디스펜자, 「꿈을 이룬 사람들의 뇌」, (2021)

- 에크하르트 톨레, 「**이 순간의 나**」, 센시오 (2023)
- 에크하르트 톨레, 「**지금 이 순간을 살아라**」, 양문 (2021)
- 네빌 고다드, 「**세상은 당신의 명령을 기다리고 있습니다**」, 서른세 개의 계단 (2022)
- 네빌 고다드, 「**네빌 고다드의 부활**」, 서른세 개의 계단 (2021)
- 바딤 젤란드, 「**트랜서핑의 비밀**」, 정신세계사 (2022)
- 엠제이 드마코, 「**부의 추월차선**」, 토트 (2022)
- 나폴레온 힐, 「**부자의 철학**」, 미래지식 (2020)

별첨자료

[별첨 1]

미래 나의 회장 취임사 (예)

사랑하는 임직원 여러분!

그리고 ○○○ 그룹과 함께해 주시는 주주, 고객, 공급사, 협력사, 지역사회 여러분! 저는 오늘 ○○○ 그룹 제12대 회장이라는 중책을 맡게 되었습니다. 여러분과 함께 땀 흘릴 수 있게 됐다는 기쁨만큼이나 그룹의 새로운 미래를 열어야 한다는 막중한 책임감을 느낍니다.

○○○ 그룹은 국가기반 사업을 시작으로 국가와 사회 발전에 근간이 되는 사업들로 성장해 왔고, 최근에는 친환경 미래사회 구현에 핵심이 되는 2차전지 소재 분야로 사업 영역을 확대하며 그룹의 가치와 위상을 높여 나가고 있습니다. 하지만 이 같은 성과에도 불구하고 그룹 주력사업의 수익 악화와 경쟁력 저하에 대한 우려가 높아지고, 그룹을 둘러싼 부정적인 목소리가 커지면서 이해관계자는 물론 국민적 지지와 응원도 약화되고 있습니다.

국민들로부터 신뢰와 사랑을 받아왔던 자랑스러운 ○○○의 모습을 되찾기 위해 회사의 경쟁력을 비롯한 경영 전반을 겸허한 자세로 되돌아보고 비상한 각오를 다져야 할 때입니다.

존경하는 임직원 여러분!

과거 성장 시대에 우리가 한 일은 철강사업을 제대로 성공시켜 국가 재건과 산업 발전에 기여한 것이었습니다. 앞으로 우리가 해야 할 일은 소재의 혁신을 선도하며 친환경 미래로 나아가는 베이스캠프가 되는 것입니다.

또한, 자율과 책임 속에서 성과를 창출하고 이해관계자들과 진정성 있는 소통으로 신뢰받는 초일류 기업으로 거듭나는 것입니다. 이러한 관점에서 저는 ○○○ 그룹의 본연의 역할을 되새기며 우리의 포부를 담은 새로운 경영 비전으로 '미래를 여는 소재, 초일류를 향한 혁신'을 제안합니다. 이를 위해 다음과 같이 7대 혁신 과제를 추진하겠습니다.

첫째, 소재사업은 국가산업과 그룹 성장의 든든한 기반으로서, 초격차 경쟁우위를 회복하겠습니다. 고객이 원하는 혁신 제품을 경쟁력 있게 개발하고 설비 효율화와 공정 최적화를 과감하게 추진하며, 수요산업과의 공존 생태계를 다져 나가겠습니다.

또한, 탄소배출을 줄인 제품의 조기 출시와 탄소 중립 기술 등 혁신 기술의 글로벌 협력을 통해 경제성 있는 저탄소 공급 체제를 실현하겠습니다. 친환경 전환을 고부가제품 경쟁력 강화 기회로 활용하고, 국가 탄소 중립 목표 달성에도 기여하겠습니다. 아울러 AI와 로봇기술을 적용하여 지금의 Smart Factory를 수주부터, 생산, 판매까지 전 공정을 아우르는 Intelligent Factory로 진화시키겠습니다. 이를 통해 초격차 수준의 생산성을 달성하고 기술집약형 융복합산업으로 발전시켜 나가겠습니다.

둘째, 2차전지 소재사업은 시장가치에 부합하는 본원 경쟁력을 갖추고 미래 혁신 기술도 확보해 나가겠습니다. 이 사업은 그룹이 10여 년 넘게 공을 들인 만큼 반드시 결실을 맺어 확실한 성장 엔진으로 만들겠습니다. 우선 철강산업에서 축적한 운영 역량을 2차전지 소재사업에 빠르게 이식하여 value chain 전반에서 경쟁력을 높여가겠습니다.

셋째, 사업회사의 책임경영 체제를 확립하고 신사업 발굴도 다양한 방식으로 추진하겠습니다. 그룹 전반의 책임경영 체제하에서 지주회사는 그룹사업이 유기적으로 성장하도록 지원하고, 사업회사는 시장에서도 경쟁력 있는 역량을 갖추어 그룹의 핵심사업 성공에 기여할 수 있도록 하겠습니다. 에너지 사업은 그룹의 저탄소 에너지 전환을 지원하고, 트레이딩과 물류사업은 공급망 경쟁력 강화에 기여하며, 건설과 IT사업은 그룹 상업의 효율적 운영 토대를 강화하는 데 집중해 나갈 것입니다. 기존 사업 분야에서의 경쟁력 강화뿐만 아니라 지주회사 주도의 신사업 발굴도 지속해 나갈 것입니다. 특히, 신사업은 기존 벤처육성 중심의 발굴을 넘어 그룹 시너지 창출이 가능한 선도기업 M&A 등 성장방식을 다변화하여 성과 창출을 앞당기겠습니다.

넷째, 국민과 사회의 눈높이에 맞도록 투명하고 공정한 거버넌스 혁신을 완수하겠습니다. ○○○ 그룹은 소유와 경영이 분리된 기업으로 글로벌 수준의 선진 지배구조로 평가받고 있습니다. 그럼에도 불구하고 다른 어떤 기업보다 더 모범적이기를 바라는 국민적 기대가 있습니다. 국민의 뜻과 바람을 따르는 것이 진정한 ○○○ 그룹의 정신인 만큼 이에 부응할 수 있도록 면밀히 검토하겠습니다. 취임과 동시에 'Governance 개선 TF'를 발족하여 합리적인 기준 아래에 공평한 기회를 부여하는 투명하고 공정한 프로세스를 구축하겠습니다.

다섯째, 임직원의 윤리의식을 제고하고, 준법경영을 더욱 강화하겠습니다. 외부전문가가 참여하고 독립적으로 운영되는 "○○○ Clean 위원회"를 신설하고, "신윤리경영"을 선포함으로써 이해관계자가 수긍하는 윤리경영을 실천하겠습니다. 또한, 임원의 특권을 내려놓을 수 있는 스톡 그랜트 폐지, 임원 보수 일부 반납 등의 다양한 방안을 검토하고 더 겸허한 자세로 솔선수범하겠습니다.

여섯째, 강화되는 사회적 요구는 능동적으로 이행하고, 지역사회와 협력은 진정성 있게 실천하겠습니다. 먼저 산업재해와 온실가스 배출 관련 사회적 요구는 엄격하게 준수하겠습니다. 규칙과 절차가 준수되는 안전 의무화를 공고히 하고 스마트 기술개발로 고위험 작업과 사각지대의 리스크를 원천 차단하여, 더욱 안전한 현장을 만들어나가겠습니다. 환경은 AI기술과 EHS(Environment, Health & Safety) 전문 연구기능을 활용하여 지역민이 효과를 체감할 수 있는 데이터 기반의 관리체계를 강화하겠습니다.

아울러 ○○○ 그룹이 지역사회와 함께 발전할 수 있도록 긴 안목에서 진정성 있게 소통하며 원칙과 신뢰에 기반한 상생을 실천하겠습니다. 최근 관심이 높아진 기술혁신과 인재양성에 대해서는 기업 차원의 필요한 역할을 수행해 가겠습니다.

마지막으로, 경영층과 리더는 솔선수범하고 직원은 도전과 성취를 통해 자긍심을 느끼는 신뢰와 창의의 기업문화를 만들겠습니다. 저를 비롯한 모든 경영층은 현장 목소리에 더욱 귀를 기울여 직원들이 회사를 신뢰하고 자긍심을 갖도록 하겠습니다. 수직적이고 권위적인 분위기에서는 새로운 아이디어에 도전하기 어렵습니다. 보다 유연하고 수평적인 조직문화를 만들어 리더는 직원을 믿고 과감하게 권한을 위임하고, 직원은 자율과 책임하에 성과 창출에 몰입할 수 있도록 하겠습니다.

혁신과제 실행력과 의사결정의 스피드를 높이기 위해 조직체계를 슬림하게 재편하고 불필요한 Fake Work를 과감히 없애겠습니다. 또한, 지연과 학연 등 출신과 배경에 관계없이 의미 있는 성과를 창출한 직원을 우대하는 능력주의 인사를 강화하겠습니다. 회사의 발전과 직원의 행복이라는 지향점은 노사가 다르지 않다고 생각합니다. 이를 위해 회사는 대의 기구와 상시 소통하며 신뢰와 화합의 노사문화를 만들어가겠습니다.

사랑하는 임직원 여러분!

오늘의 ○○○ 그룹을 있게 한 근간은 대한민국을 향한 일념과 불굴의 창업정신, 그리고 직원들의 무한한 헌신과 희생입니다. 우리는 창립부터 지금에 이르기까지 오로지 국민과 함께해 왔고, 국가 경제 외에는 어떤 다른 사심 한 줄기 품지 않은 채 여기까지 달려왔습니다. 회사의 이념은 '미래를 여는 소재'로 승화되고, 창업세대의 도전정신은 '초일류를 향한 혁신'으로 발전되어 갈 것입니다. 이런 점에서 '미래를 여는 소재, 초일류를 향한 혁신'이라는 ○○○ 그룹의 새로운 비전은 지금 우리에게 주어진 새로운 소명이자, 성공을 향한 새로운 이정표가 될 것입니다. 우리가 무엇을 선택하고, 어떻게 실행하는지에 따라 그룹의 미래는 크게 달라질 것입니다. 앞서 말씀드린 ○○○ 그룹의 새로운 비전과 혁신과제를 올바르게 완수하기 위해 저는 여러분들의 공감과 지혜를 구하는 '100일의 현장 동행'을 시작하려고 합니다.

○○○ 그룹이 국민에게 신뢰받고 국가발전에 기여하는 초일류 기업으로 거듭나는 희망찬 여정에 여러분 모두 기꺼이 동참해 주실 것을 믿습니다. 제가 먼저 다가가며 여러분과 함께하겠습니다. 감사합니다.

2034년 3월 21일
○○○ 그룹 회장 ○○○

[별첨 2]

미래 The M 그룹 대표이사의 Activity (예)

(1) 마라톤으로 지역사회와 소통
(2) 협력업체 금융지원 사업을 위한 The M 그룹-신한은행-SGI 서울보증-동반위 업무 협약
(3) 특허 이전 및 GPA 체결식
(4) 대한체조협 회장 활동
(5) 1,000조 사우디 인프라 시장 노크
(6) 대·중·소기업 상생협력기금 출연 협약식
(7) 여의도 파크원 상량식
(8) 사우디 장애아동 학교에 재활 치료기구 기증
(9) ESG 경영실천 및 동반성장을 위한 한국환경공단-The M 그룹 업무 협약식
(10) The M 그룹, 인도네시아 3,000만 ㎡ 규모 신도시 개발사업 참여
(11) The M 그룹, 업계 최초 협력사 무담보 대출 지원
(12) The M 그룹 → The M Great 사명 변경
(13) 모듈러 사업 협력 MOU 체결식

(14) The M Great 착공식

(15) The M Great, 2025년 기업가치 10배 목표 … "친환경/미래사회 위해 건설업 한계에 도전"

(16) 화재 예방 주거환경 개선 활동 발대식

(17) The M Great, 1경 400억 규모의 ESG 채권 발행

(18) The M Great, 세계 최대 해상풍력 인증기관과 업무 협약

(19) The M Great, SBTi로부터 '2040년 탄소감축 목표' 승인 받아

[별첨 3]

미래 재무 건전성 향상 일반론 (예)

(1) 재정 건전성 평가의 중요성 이해

- 기업의 재무 건전성 평가는 비즈니스 성과를 측정하고 개선이 필요한 영역을 식별하는 데 도움이 됩니다.
- 재무 건전성 평가는 수익성, 유동성, 자산 관리, 부채 수준 및 전반적인 재무 안정성을 고려합니다.

(2) 회사 재무 상태 개요

- 대차대조표를 분석하여 회사의 자산, 부채, 주주 지분을 확인하세요.
- 유동자산, 장기자산, 유동부채, 장기부채 등 주요 요소에 집중하여 재무 상태를 평가하세요.

(3) 유동성 및 현금흐름 평가

- 유동성과 현금흐름은 회사의 재무 건전성을 나타내는 주요 지표입니다.

- 유동비율, 당좌비율, 현금흐름표를 분석하여 회사의 운영 능력을 평가하세요.

(4) 수익성 및 투자수익률 분석
- 매출 총이익률, 순이익률, ROI 등을 고려하여 회사의 수익성과 투자수익률을 평가하세요.

(5) 자산 관리 및 효율성 평가
- 자산을 효율적으로 관리하고 최적화하세요.
- 장기적인 자금 조달 방안을 고려하여 자본구조를 최적화하세요.

(6) 부채 및 레버리지 분석
- 적정한 부채 수준을 유지하고 부채의 위험을 관리하세요.

(7) 종합적인 평가 도구
- 다양한 지표를 종합하여 회사의 재무 건전성을 평가하세요.

(8) 경고 징후 식별 및 조치
- 잠재적인 위험과 약점을 식별하여 사전 조치를 취하세요.

[별첨 4]

긍정 확언 및 성공 실사례

[사례 1]

2001년 대학교 3학년이던 나는 당시 지방대 출신에 건설 분야 진로를 제대로 결정하지 못하고 있었고, 다만 학과 공부는 열심히 하고 있었다. 학부생이었지만 응용구조역학 대학원 연구실에 소속되어 있었고, 그해 겨울밤 10시쯤, 공부를 하다가 바람도 쐴 겸, 학교 옥상에 올라가서 옥상 2~3바퀴를 숨차게 돈 이후…

"나는 반드시 대기업 건설사에 취직하여 부장이 될 것이다."

당시 대기업 건설사의 부장이 된 모습을 그렸고, 고층의 오피스에서 회사 소속 직원들에게 업무 지시를 하는 모습 등을 생경하게 상상했다. 바이브의 진동은 가시화된 상태였으며, 열정과 기쁨이 동반하는 느낌이었다.

2001년 학교 옥상 위 밤하늘의 별을 보면서, 간절했지만, 신념과 열정은 100% 가득한 상황이었다. 그로부터 20년 후… 그 대학생 3학년이었던 청년은 국내 대기업의 부장이 되었다.

; 사실, 과거 2001년에 저자가 본문에서 언급했던 데자뷰를 목

격했었다.

[사례 2]

2011년 박사후 연구원으로 소속되어 일하고 있을 때였다. 론다 힐의 저서 「시크릿」을 읽고 깊게 감명받았던 때인 듯싶다. 그 즈음 어느 날, 성공 이미지를 인터넷에서 분야별로 검색하여 이미지 파일을 캡처하여 한글 파일에 DB화하였다.

(1) 결혼 (2) 직업 (3) 행복 (4) 부자/돈
(5) 차 (6) 여행 (7) 취미 (8) 친구들 (9) 노년의 삶
(10) 저택 (11) 건강/운동 (12) 아이/육아 (13) 발명가 등등.

그리고, 그 이미지들을 약 3개월 동안 짬짬이 명상하고 상상하였다. 이후 2024년 8월, 13개 항목 중 10개 항목(성공률 77%)이 이미 이루어졌다.

(1) 결혼(○) (2) 직업(○) (3) 행복(○) (4) 부자/돈(△)
(5) 차(○) (6) 여행(○) (7) 취미(○) (8) 친구들(○)
(9) 노년의 삶(×) (10) 저택(△) (11) 건강/운동(○)
(12) 아이/육아(○) (13) 발명가(○) 등등.

; 사실, 과거 2011년에 저자가 본문에서 언급했던 데자뷔를 목

격했다.

[미래사례 3]

2032년 ㈜○○○ E&C의 사장이 되었고, 해저/해상도시 개발 PJT의 총괄책임자로서 직장 생활을 영위하고 있다. VIP, 정부 관계자들, 지자체 단체장 및 국회의원들과 교류하고, 친환경 건설 소재 및 건자재 플랫폼 회사를 자회사로 론칭시켜 글로벌 건설/화공/물류 유통회사로 기존 ㈜○○○ E&C보다 매출이 더 크게 성장시켜 버린다.

그 공로로 ○○○ 홀딩스의 회장직에 오른다. 세계적인 철강/2차전지/발전/무역/건설/화공/물류유통 그룹으로 성장시키고 2038년에 정들었던 ○○○를 명예롭게 퇴직한다.

이후 오랫동안 마음속으로 준비해 왔던 글로벌 명상센터, 1~100호점을 국내/외로 론칭시키고, 리조트 사업가, 작가, 낚시점 운영, 컨설턴트 고문, UN 환경위원회 자문위원 등을 역임하여 노년에는 지역사회, 국가 및 지구촌을 위해 남은 생을 살아간다.

; 사실, 과거 2023년에 저자가 본문에서 언급했던 데자뷔를 경험한 것으로 판단된다.

[미래사례 4]

한때 급관심 테마주에 관심을 가지고 인터넷 뉴스를 보다가 초

전도체 주식과 관련하여 따상이 되어 소소한 이득을 본 사례가 있다. 그때의 특정 회사 이름이 ㈜서○! 일종의 묻지 마 투자로, 따상에서 소소하게 먹었다가 다시 크게 투자하여 50% 손실을 가지고 팔지도 못하고 그냥 내버려 두고 2년여간 모니터링 중이다.

3년이 지난 후 사내 연구과제 사전 준비를 위해 특정 업체와 연계되어 활동을 하고 있었다. 아이러니는 여기에서부터 발생된다. 협업 진행 중인 특정 업체의 사장과 내가 예전에 투자하고 내버려 두었던 업체의 회장과 친한 지인의 관계가 된다는 얘기를 들었다. 우연의 일치라고 보면 응당 그럴 수 있다.

시간의 흐름을 미래에서 과거로 복기해 보자. 나는 관찰자적 입장에서 과거를 회상하고 있다. 이미 모든 것을 갖춘 상황에서 왜 연관어로 그 회사가 키워드로 연계 선정되었을까?

[미래사례 5] 회사 내 특별 승진에 관한 단상

저자가 다니는 회사에는 사규가 있으며, 여기서 특별 승진과 관련하여서는 다음의 사례를 둔다.

- 중요 직책에 보임하는 경우
- 회사 발전 및 경영성과 증진에 특별히 공헌을 한 경우
- 능력 우수자를 발탁하는 경우
- 기타 회장이 특별히 인정하는 경우

우선 (1) 중요 직책에 보임하는 경우를 생각해 보면, 나를 부장에서 센터장으로 승진시키는 것 자체가 중요 직책에 보임하는 경우이다. 특별 승진이므로 결격사유가 존재할 수 있을까? 보통 부장 → 그룹장(부장, 상무보) → 임원(센터장)의 과정을 거치는데 특별 승진 항목 자체가 특별하기 때문에 결격사유가 존재할 수 없어 보인다.

두 번째로 회사 발전 및 경영성과 증진에 특별히 공헌을 한 경우로써, 이 부분에 대한 정량적 기준이 모호한 게 사실이다. 예를 들어 저자의 경우는 사내 최초로 대한민국 장영실상을 받았고, 물론 당시 경영성과 증진에도 기여를 했다. 회사의 명예를 드높였으며, 이 건 이외에도 대한민국 우수 과학자로서 과학기술부 장관상을 추가로 더 수상한 사례가 있다.

세 번째로 능력 우수자를 발탁하는 경우, 이 부분도 두 번째의 사항과 연계되면서, 딱히 정량적인 지표가 존재하지 않는다. 능력 우수라 함은 개인이 전문 분야에서 탁월한 성과를 가지고 있으며, 저자는 사내 유일의 국토교통부 자문위원 및 학회 위원회 간사 역 등 핵심 업무 등을 수행하고 있으며, 사내에서도 분야 전문가로서 활동하고 있다.

네 번째가 핵심으로 보이는데, 결국 "회장이 특별히 인정하는 경우"를 말한다. 사장이 아니라 회장임에 유의할 필요가 있다. 예전에 ○○○ 회장께서 내가 차장이었던 시절에 바로 그룹장 시키라고 수명하였으나 3주 뒤에 ○회장님이 이임하셨고, 이와 관련하여 나 역시 그 절차는 바야흐로 사라지게 되었다.

다시 한번 기회가 왔으며, 이번에는 반드시 이루어지리라. 진인사대천명이라는 문구처럼 집중의 주파수를 보내어 본다.

[미래사례 6] 아픔(병)에서 치유될 때의 단상

3일간을 몸살감기로 끙끙대다가 회복세에 접어들었을 때의 느낌을 다들 알고 있을 것이다. 여전히 일부 머리는 약 기운에 취해 있으나, 회복의 에너지가 몸을 감싸면서 보호하는 느낌을 느낄 수 있다.

감기 바이러스가 이미 온몸을 훑고 지나간 이후, 새로운 에너지가 이를 대체하기 위해 온몸에서 고주파수의 에너지를 방사하면서 저항 혹은 점령하고 있는 상황을 우리는 회복 탄력성에 근접해 있다고 말할 수 있다.

인생 역시 그러하다. 희로애락을 현현의 감정으로 느끼는 게 우리네 인생이라 정의하였지만, 이를 실재적으로 생생하게 느낀다는 것… 특히, 슬픔을 생생하게 느낀다는 것이, 사실상 사치일 수도 있다는 생각이나 비판에 휩싸일 수 있다. 숨을 헐떡거리며 겨우겨우 살아내야 그 느낌을 가질 수 있을지인데, 신적 입장에서 제3의 관찰자적 견지에서 이를 극복한다는 것 자체가 약간 이질감을 가질 수 있다.

우리가 부단히 명상을 통해 고주파수의 에너지 영역에 존재하기 원하며, 이를 위해 사랑, 기쁨, 충만함, 배려, 은혜, 기도, 감사 등의 긍정적 키워드를 연상함으로써 이에 추동력을 더하거나 유지하는 나날의 항전을 진행하고 있는 이때에 육신의 병듦으로 인하여 이를 일시적 혹은 중장기적으로 점령당할 경우, 저주파수 영역으로 곤두박질칠 수 있음은 너무나도 자명한 일이다.

따라서, 각자의 신체 에너지를 항시 상향 컨디션으로 유지하고, 뿐만 아니라 영적 에너지를 고주파수 영역으로 끌어 올릴 경우 육신의 질병은 존재할 수가 없다. 몸이 허약하다는 것은 영적인 에너지를 키울 수 있는 역량이 부족함을 자인하는 상황이 된다. 이는 선천적, 육체적 장애와는 다른 말이다. 감기에 들거나, 혹은 기타 질병에 감염된 경우를 말한다. 육신이 지배당하기에 영적인 영역의 단계도 쉬이 견지하기가 쉽지 않은 게 사실이다.

따라서, 영점장을 탐험하고픈 이들은 육신의 병을 멀리하도록 항상 신경 써야 한다. 식이요법의 조절, 신체리듬의 조절, 무리한 운동/활동의 배제 등.

상기 육체적 신체리듬이 최적으로 활성화된 상태에서 영적 레벨 상승이 이루어질 수 있는 토대가 준비됨을 항상 염두에 두어야 할 것이다.

[미래사례 7] 부를 얻는 방법에 대한 단상

당신은 시간 여행자이다. 즉, 당신은 2074년에서 2024년으로 타임슬립을 통해서 왔다. 무일푼으로... 그리고, 이러한 과정에서 타임슬립 장치가 고장 나 당분간은 2024년의 세계에서 살아가야 하며, 타임슬립 장치를 고치기 위해서는 일정 부분의 돈을 구축하여 타임슬립 장치를 개발할 수 있는 발명가가 나타날 때까지 기다려야 한다.

당신은 현재 무일푼 상태에서, 오로지 2074년에는 AI시대 전환에 따른 미래상의 단편적인 기억만을 가지고 있다. 당신은 고민할 것이다. 일단, 아는 이도 없기에 잡역부로 가거나, 종교시설 등으로 가야 할 것이다. 거기에서 일정 기간을 보내면서 사회 출발을 위한 초석과 네트워크를 다진다. 당신이 유일하게 가지고 있는 것은 2074년의 미래 기억이므로, 그때의 화성탐사, 민간우주선, AI로봇, 디지털 산업화, 3D 프린터, 의약, 제약 등의 기억들을 상기해 본다.

당신은 다시 미래로 돌아가야만 한다. 그러기 위해서 타임슬립 장치를 수리해야 하고, 아직 2024년의 현재에서 그러한 과학자가 나타나지도 않았다. 일단은 돈을 벌면서 때가 되기를 기다려본다. 최단기간 내에 돈을 벌 수 있는 방법은 무엇일까? 사행성 스포츠? 복권? 아쉽지만 정보가 없다. 주식시장? 그렇다! 2024년에서 2074년까지 성장할 기업을 알아낸다면 거기에 몰빵을 하는 것도 확률 측면에서 유리해 보인다.

　종교단체 지인의 도움을 통해 주식시장 접속 방법을 알아낸다. 모든 기업 이름이 생소한데, "엔비디아"란 기업이 눈에 띈다. 2074년 엔비디아는 글로벌 Top으로 부상한 AI 소프트웨어 기업이다. 2024년에는 전체 시총 16위, 주가 144.95달러 상태이다. 종교단체에서 연계해 준 알바 자리에서 의식주를 제외한 월급 잔액을 전부 엔비디아에 털어놓을까? 2074년에 엔비디아가 글로벌 시총 1위가 된다는 것을 알고는 있는데, 여기에 한 달에 100만 원씩(약 6주씩) 사면 타임슬립 장비가 나올 것으로 예상되는 2035년까지 10년간 얼마를 벌 수 있다는 얘기인가?

월 2퍼센트씩 상향 가정, 한 달 100만 원 투자, 12개월이면 (12month×6ea×156$×(1+0.02))=$11,477!

　음... 여기서 대략 10년이며 복리는 그렇다 치고, 많이 써서 10만 달러 정도란 얘기가 아닌가? 일단, 2035년의 타임슬립 과학자를 만나, 그의 동기부여를 하기 위해서, 현 2024년에서 10년간 10조는 모아야 재력가의 어필을 할 수 있을 텐데, 업종을 바꿔야 하나?

　주식 가지고는 답이 안 나오는데? 2035년에 타임슬립 개발자를 만난다고 해서 그가 타임슬립 장치를 내게 건넨다는 보장은 SF

영화에서나 가능한 일이다. 차라리 내가 타임슬립 장치를 만드는 게 더 가능성 있는 일일지도…

집중해야 된다. 미래에서 왔다고 해서 50년 전의 과거에서 부자가 되는 것은 그리 쉬운 일이 아니다. 땅을 사야 하나? 건물을 사야 하나? 종잣돈이 없다. 결국, 일반적인 월급쟁이 방식으로는 답이 없다. 재력가를 찾아가기로 했다.

동네 종교단체 지인에게 나름 제일 돈이 많다는 사람을 소개받아서, 그 부자에게 찾아갔다. 일단, 진실하게 얘기를 했다. 그러나 부자가 무슨 목적으로 돈을 준다는 것인가? 그것도 십 년 뒤 타임슬립 장치 개발을 위해? 이 부자는 그러한 일에는 관심이 없는 듯하여 다른 부자를 소개시켜 달라고 했다. 낮에는 일하고 퇴근 즈음에 부자 투자자를 만나러 다니는 것 외에 방법이 없었다. 이럴 줄 알았으면 미래에서 영화 "백 투 더 퓨처"처럼 경마 잡지라도 하나 들고 왔어야 했다.

2074년에는 웨어러블 장치의 범용화로 인해 핸드폰이 필요 없으며, 하늘을 나는 드론 자동차는 이미 개발되었고, 범죄자도 없다. 로봇 치안경찰, 초고성능 소재의 개발, 식량 안정 등으로 인해 사회가 매우 안정적으로 운영되고 있다. 따라서, 당최 50년 뒤 미래정보를 일부 알고 있다고 2024년에서 부의 축적을 위해 써먹을 수 있는 핵심 정보가 없음을 느낀다.

글을 쓸까? "미래를 경험한 나?", 사업을 할까?(M.C. Square

Biz) 일단 아까 생각해 보았던 엔비디아 주식 10년간 모으기로는 답이 안 되는 것을 알았으니, M.C. Square Biz라도 시작해야겠다.

일단, 종교단체 지인분들에게 협조를 얻어서 골방에 중고 컴퓨터 기기를 두고, 사업자등록을 내었다. 알바와 병행하며, 저녁에 주로 세팅 작업을 했다. 건자재 대리점을 기반으로 일단 On-Off line을 듀얼로 병행할 수밖에 없었다. 건자재 개별 회사들의 영입과 물류회사의 연결을 통해 거기에서 중개 마진을 얻는 작업이었다.

2024년 귀환 6개월째... 여전히 알바 인생과 M.C. Square Biz를 병행하고 있는 실정이다. 이제는 어느덧 지인도 좀 늘어나고 2024년의 일상에 접어들고 있다. 매출 및 자산은 그렇게 늘어나지는 않는다. 즉, 찔끔찔끔 가고 있다는 얘기다. 10년 뒤 10조는 힘들어진 듯하다.

가끔씩 '굳이 2074년으로 가야 하나?'라는 반문이 들 때도 있다. 미래에서 왔다고 하여 다시 미래로 간다면 기약 없는 또 다른 미래를 염원하며 살아가야 할 것이다. 오히려 미래를 경험한 내가 2024년의 사람들과 어울려 현현의 삶을 사는 것도 괜찮지 않을까? 하는 생각이 부쩍 느는 요즘이다.

2074년의 미래는 핵가족 사회가 만연화되어, 오히려 2024년의 아날로그 감성이 더 나은 느낌이기도 하다. 미래 문명 시설의 편리함 말고는 2024년이 더욱 나을지도... 어차피 2074년에 가족이 없으니, 그나마 지인들이 있는 2024년이 더 나을런지도...

미래를 경험했기에 미래학자가 된다면... 너무 안일한 생각인가? 어쨌거나 요즘은 기존 알바는 그만뒀고, M.C. Square biz와 책 쓰기를 병행하고 있다. 개인 운동을 증가시키고, 명상센터도 해볼까 한다. 2074년의 미래에서 왔기에 무인도 휴양 리조트들이 미래에 개발된다는 것을 알기에 이러한 건설 사업자들과도 교류를 시작하고 있다. 부의 창출과 관련해서는 아직 답은 없지만, 좀 더 시간을 보내면서 기다리려 한다.

.
.
.

왜? 미래는 바로 우리에게 달려 있으니까...